交通职业教育教学指导委员会推荐教材
高职高专院校公路监理专业教学用书

高等职业教育规划教材

公路工程费用监理

Gonglu Gongcheng Feiyong Jianli

主编　孙久民
主审　彭富强

人民交通出版社

内 容 提 要

本书是高等职业教育规划教材，由交通职业教育教学指导委员会路桥工程专业指导委员会组织编写。全书共分6章，主要内容包括：绪论，工程量清单与投标报价，工程计量，工程费用支付，合同支付与管理，支付证书与有关表格。附录中列有《公路工程国内招标文件范本》（2003年版）工程量清单及常用支付表格样式，便于查找。

本书是高职高专院校公路监理专业教学用书，也可供相关专业教学使用，或作为有关专业继续教育与职业培训用书，并可供公路工程监理从业人员学习参考。

图书在版编目（CIP）数据

公路工程费用监理/孙久民主编. --北京：人民交通出版社，2007.3

ISBN 978-7-114-06386-2

Ⅰ.公… Ⅱ.孙… Ⅲ.道路工程－工程造价－监督管理－高等学校：技术学校－教材 Ⅳ.U415.13

中国版本图书馆CIP数据核字（2007）第011342号

书　　名：公路工程费用监理
著 作 者：孙久民
责任编辑：郝瑞苹
出版发行：人民交通出版社
地　　址：（100011）北京市朝阳区安定门外外馆斜街3号
网　　址：http://www.ccpress.com.cn
销售电话：（010）59757973
总 经 销：人民交通出版社发行部
经　　销：各地新华书店
印　　刷：北京鑫正大印刷有限公司
开　　本：787×1092　1/16
印　　张：8.5
字　　数：209千
版　　次：2007年2月第1版
印　　次：2019年7月第4次印刷
书　　号：ISBN 978-7-114-06386-2
定　　价：16.00元

前言

QIAN YAN

为深入贯彻落实《高等教育面向21世纪教学内容和课程体系改革计划》，按照教育部“以教育思想、观念改革为先导，以教学改革为核心，以教学基本建设为重点，注重提高质量，努力办出特色”的基本思路，交通职业教育教学指导委员会路桥工程专业指导委员会在总结道路桥梁工程技术专业教学文件编制及其教材编写工作经验的基础上，又组织开发了相关专业的教学指导方案及部分专业教材，其中包括三年制高职高专院校公路监理专业教学指导方案及6门课程的规划教材。

公路监理专业教材依据教育部对高职高专人才培养目标、培养规格、培养模式及与之相适应的知识、技能、能力和素质结构的要求进行编写，并融入了全国交通类高职高专院校公路监理专业的教学改革成果，紧密跟踪我国公路监理技术的发展，采用了最新的行业技术标准、规范、规程，具有较强的针对性。教材编写中全面贯彻素质教育思想，力求体现以人为本、注重知识实用性的现代职业教育理念，从交通行业岗位群对人才的知识结构和技能要求出发，结合对培养学生创新能力、职业道德方面的要求，提出教学目标和教学内容，在教材的理论体系、组织结构、内容描述上与传统教材有了明显的区别。

《公路工程费用监理》是高职高专院校公路监理专业规划教材之一，内容包括：绪论，工程量清单与投标报价，工程计量，工程费用支付，合同支付与管理，支付证书与有关表格。附录中列有《公路工程国内招标文件范本》(2003年版)工程量清单及常用支付表格样式。

参加本书编写工作的有：河南交通职业技术学院孙久民(编写第一章、第三章、附录一)、沙炳乾(编写第二章、第四章、第六章、附录二)，甘肃交通职业技术学院邵胜子(编写第五章)，全书由孙久民担任主编，湖南交通职业技术学院彭富强担任主审。

本套教材是路桥工程专业指导委员会委员及长期从事公路监理专业教学与工程实践的教师们工作经验的总结。但是，随着各项改革的逐步深入，书中难免有不妥之处，敬请广大读者批评指正。

本套教材在编写过程中得到了交通职业教育教学指导委员会的关心与指导，全国各交通职业技术学院的领导也给予了大力支持，在此，向他们表示诚挚的谢意。

交通职业教育教学指导委员会
路桥工程专业指导委员会
2006年11月

目　录
MULU

第一章 绪论

教学要求

1. 描述建设工程投资的基本概念；
2. 描述工程费用的基本概念和费用监理的特点；
3. 说明工程费用监理的原则和方法；
4. 说明工程费用监理的职责和权限。

● 第一节 工程费用概论 ●

一、建设工程投资

建设工程总投资，一般是指进行某项工程建设花费的全部费用。

生产性建设工程总投资包括建设投资和铺底流动资金两部分；非生产性建设工程总投资则只包括建设投资。

建设投资，由建筑安装工程费、设备工器具购置费、工程建设其他费用、预备费（包括基本预备费和涨价预备费）、建设期利息和固定资产投资方向调节税组成。

建设投资可以分为静态投资部分和动态投资部分。静态投资部分由建筑安装工程费、设备工器具购置费、工程建设其他费用和基本预备费组成。动态投资部分，是指在建设期内，因建设期利息、建设工程需缴纳的固定资产投资方向调节税和国家新批准的税费、汇率、利率变动以及建设期价格变动引起的建设投资增加额，包括涨价预备费、建设期利息和固定资产投资方向调节税。

工程造价，一般是指一项工程预计开支或实际开支的全部固定资产的投资费用，在这个意义上讲工程造价与建设投资的概念是一致的。因此，我们在讨论建设投资时，经常使用工程造价这个概念。需要指出的是，在实际应用中工程造价还有另一种含义，那就是指工程价格，即为建成一项工程，预计或实际在土地市场、设备市场、技术劳务市场以及承包市场等交易活动中所形成的建筑安装工程的价格和建设工程的总价格。

根据交通部现行的有关规定，公路基本建设工程造价包括以下内容，见图1-1。

二、投资控制

由于资源的有限性，为了追求最好的投资效果，必须对建设工程投资进行有效控制。因此，需要在投资的不同期间，对投资额作出不同程度的测定，作为控制的依据。对公路工程来说就是工程造价控制，即在投资决策阶段、设计阶段、项目发包阶段和建设实施阶段，把工程造价控制在合理的造价限额内。

- 公路基本建设工程造价
  - 建筑安装工程费
    - 直接工程费
      - 直接费
        - 人工费
        - 材料费
        - 施工机械使用费
      - 其他直接费
        - 冬季施工增加费
        - 雨季施工增加费
        - 夜间施工增加费
        - 高原地区施工增加费
        - 沿海施工增加费
        - 行车干扰工程施工增加费
        - 施工辅助费
      - 现场经费
        - 临时设施费
        - 现场管理费
          - 基本费用定额
          - 其他单项费用定额
            - 主副食运费补贴
            - 职工探亲路费
            - 职工取暖补贴
            - 工地转移费
    - 间接费
      - 企业管理费
      - 财务费用
    - 施工技术装备费
    - 计划利润
    - 税金
  - 设备、工具、器具及家具购置费
    - 设备、工具、器具购置费
    - 办公及生活用家具购置费
  - 工程建设其他费用
    - 土地青苗等补偿费和安置补助费
    - 建设项目管理费
    - 研究试验费
    - 勘察设计费
    - 施工机构迁移费
    - 供电站费
    - 固定资产投资方向调节税
    - 工程造价增涨预留费
    - 建设期贷款利息
  - 预备费用
    - 工程造价增涨预留费
    - 预备费

图 1-1　公路基本建设工程造价组成

公路工程投资总额由工程造价和营运费用两大部分组成，包括从项目筹建、设计、施工、投入营运直至最终报废为止的项目生命周期，并按此顺序分为不同的阶段。项目筹建阶段称为投资前期，主要进行项目的投资决策、融资方式决策和报批立项工作；项目设计、招投标、施工、竣工及缺陷责任期称为投资执行期；项目投入营运至报废阶段称为投资回收期（或服务期）。在每一阶段均需作不同的投资测定。各阶段的测定及控制方式分别为投资估算（项目建议书投资估算、工程可行性投资估算）、概预算（设计概算、修正概算及施工图预算）、标底、合同价、工程决算、营运管理。

三、工 程 费 用

1. 工程费用的概念

工程费用是工程造价的组成部分，指因施工生产活动的各种耗费或支出而形成的建筑工程费和安装工程费的总和，也称建筑安装工程费。它是工程造价的主要组成部分和基础，一般占总造价的60% ~80%左右。

建筑工程费即通常所说的土建工程费，在公路工程中，它一般包括路基、路面、桥梁、隧道、排水设施、防护设施、交叉、房屋、绿化等工程的费用。安装工程费，即为使项目正常运作，除土建工程以外的设备、工具、器具及办公、生活家具的安装费，在公路工程中，安装工程费指为保障公路系统的正常使用所需的收费系统设施、通信系统设施、监控系统设施、信息系统设施及服务系统设施的建设费用。

2. 工程费用的组成

工程费用由以下几部分组成：

(1)直接工程费　指直接构成建设项目实体的有助于工程形成的各项费用，包括直接费、其他直接费及现场经费。

①直接费：指完成某一建设项目的施工而直接体现于工程上的费用，包括消耗在施工中的全部人工费、材料费及机械使用费，即直接使生产资料转移而形成预定工程所投入的费用。

②其他直接费：指概预算定额中所计列以外的属于直接用于工程实体的费用，包括冬季施工增加费、雨季施工增加费、夜间施工增加费、高原地区施工增加费、沿海施工增加费、行车干扰工程施工增加费及施工辅助费7项。

③现场经费：包括现场管理费和临时设施费。现场管理费指在工地现场发生的有关管理费用，包括基本管理费用和其他单项费用（含主副食运费补贴、职工探亲路费、职工取暖补贴、工地转移费四项）。临时设施费指施工企业所必须的生活和生产用的临时建筑物、构筑物和其他临时设施的修建、维修和拆除或摊销的全部费用，但不包括概预算定额中的临时工程。

(2)间接费　指现场以外为项目提供服务管理的费用，包括企业管理费（含上级管理费）和财务费用两部分。

①企业管理费，指施工企业为组织施工生产活动所发生的管理费，包括管理人员的基本工资、工资性津贴、职工福利费、差旅费、办公费、固定资产折旧修理费和工具使用费、工会经费、职工教育经费、劳动保险费、职工养老保险费及待业保险费、保险费、税金及其他等。

②财务费用:指施工企业为筹集资金而发生的各项费用,如利息净支出、金融机构手续费等。

(3)施工技术装备费　指为施工企业逐步扩大施工技术装备的费用。

(4)计划利润　按照国家有关规定施工企业应取得的利润。

(5)税金　又称综合税金额,指按照国家规定应计入建筑安装工程造价内的营业税、城市建设维护税及教育费附加税。

3. 工程费用的特点

工程商品本身及其建造过程同其他商品相比,有很多的不同点,认识、理解这些普遍特点,再针对不同工程项目的具体情况,设计合适的项目管理体制、制度,或自觉地执行既定的体制、制度,对搞好建设工作至关重要。

1)工程商品及生产的特点

(1)不同工程商品的相异性　与其他很多商品不同,工程商品是在不同的地点和环境所建造的不同构造物,每次建造都面临不同的要求和情况,最终产品是不同的。因此,工程商品只能每次单独设计、生产,不能整体批量制作。

(2)生产的露天性　建筑生产的产品是露天的,也就是说,建筑产品必然经受环境的考验,受到环境的影响制约,同时,它也对环境产生影响。因而建筑生产必须能适应、利用当地当时的环境。

(3)生产周期长　建筑生产通常按月计工作进度,其生产周期将会很长,而公路、桥梁建设的工期则更长。

2)工程费用及支付的特点

(1)建筑生产的单价性　由于每个建筑产品都是单独制作的,因而其定价就是按次论价;半成品、成品的价格是按单位或分项工程量来定价,称为单价或费率。

(2)工程费用数量大　建筑工程量大,资金使用量必然大,尤其交通基础设施建设更是如此。资金使用量大正是交通瓶颈难以迅速消除的重要原因。

(3)期货价格　工程商品资金量大的特点,决定了它不可能作为现货出售,而是一种期货商品,必须预先定价,如作概预算、签订合同价格等。工程技术和管理技术的不断进步为此提供了可能。

(4)分期分阶段支付,支付时间长　工期长,资金量大,决定了工程商品的生产过程与支付过程是边生产边支付,与很多商品“一手交钱一手交货”的支付方式是不同的。

4. 工程费用管理的特点

采用 FIDIC 合同条件进行工程管理的项目体制,其费用管理的突出特点表现在项目管理中加入了监理工程师这个中介,并且,监理工程师作为工程项目的调控中心,在费用方面具有支付额调整、签认的权力。

1)承包人申请、使用

工程商品是承包人出卖给业主的产品,其耗费即工程费用也主要由承包人使用,每次支付都是由承包人向监理工程师提出申请。只有当承包人被驱逐,并且剩余工程由业主直接完成时,工程费用才由业主自己使用,但这种情况很少出现,往往是业主驱逐了承包人之后,再招请另外的承包人来完成工程。

2)监理工程师签认

监理工程师在施工活动中按合同文件对承包人进行的施工活动作出价值计算,对其工作价值进行签认和证实,对施工过程中发生的其他各种意外情况进行记录和分析,并就承包人所遭受的损失作出估算和证实。这就是监理工程师的所谓“支付权”,它是监理工程师完成监理工作的最终、最重要的调控手段。

3)业主支付

业主在承包人完成了既定施工任务,达到合同的要求,经监理工程师确认其价值后,向承包人支付工程费用。

5. 影响工程费用的因素

1)设计因素

设计质量的优劣是工程费用高低的决定性因素之一。一方面,设计直接决定了工程费用的预测值;另一方面,施工活动直接以设计为依据。设计深度达到规定要求且设计方案正确合理,工程费用的预测就相对准确;反之,工程费用的预测就会产生偏差。

2)施工因素

施工是工程的实际建造过程,工程费用的多少直接取决于施工生产的成本高低。因此,施工是直接影响工程费用的关键因素。

3)合同因素

合同是工程费用计算与支付的依据,合同的科学和公正与否将直接影响工程费用。一方面,合同条款和内容是决定工程标底与报价的依据。如果合同条款不明确或有漏洞,必然使工程费用无法准确计算,并在支付时发生纠纷。另一方面,在施工过程中,监理工程师根据合同文件确认工程价值,承包人也根据合同文件提出付款申请,若其用词含糊不清或有漏洞,将导致工程费用无法准确估算和支付。

4)业主因素

应由业主解决的施工条件,业主没有及时解决或解决不妥,或是业主的不合理决定,将直接导致承包人的索赔而使工程费用增加。

5)监理工程师因素

监理工程师是工程费用多少的直接确认者,对工程费用有着至关重要的作用。如果监理工程师工作不认真或不负责,或监理措施不力,以及监理工程师缺乏公正的立场,都将直接影响工程费用的合理性和准确性。

6)社会因素

社会因素也是影响工程费用的关键因素。因为工程施工是一种社会活动,必然受社会因素的影响,其中主要有物价因素、汇率因素、社会风气因素和影响工程施工的其他因素如战争、动乱等。

7)自然因素

常规的自然因素在设计时已考虑,正是在正常的自然条件这一前提下确定设计和施工方案,并进而确定工程费用的预测值。但实际施工过程中,有时可能会遇到各种异常的自然条件,如各种自然灾害(洪水、暴雨、地震等)和意外的地下情况(如无法预见的埋藏物及意外的地质条件等)。这些情况一旦发生,也将直接增加工程费用。

•第二节　工程费用监理的原则与方法•

一、工程费用监理的原则

工程费用监理是工程监理的主要调控手段和关键工作环节。在监理过程中，监理工程师利用自己的素养为工程服务，有多种不同的监理措施及方法可选择，为了搞好费用监理工作，必须在工程监理工作中遵守一些基本原则。

1. 政策性原则

费用监理是一项政策性、法律性、经济性和技术性很强的工作，必须首先根据国家的方针政策办事，要严格遵守国家的法律和有关制度，正确处理国家整体利益、业主利益和施工企业利益的关系，同时，还必须严格遵守工程项目本身内在规律的要求，处理好进度、质量与费用三者之间的辩证关系。监理工程师在进行工程费用监理时，必须做到经其签认的每一笔工程费用符合国家有关政策的规定和要求，并协调好承包人与业主的利益关系。

2. 合同原则

工程承包合同，一方面综合体现了国家的经济政策和基本建设管理制度及法规；另一方面也全面概括了工程设计意图和要求，并综合考虑了施工中的各种因素，是有关工程施工的综合性文件。监理工程师在进行工程费用监理时，必须在国家法规政策的范围内，以合同为依据，按合同要求和合同的基本精神处理好各类工程费用的签认与支付。虽然监理工程师对工程费用全权负责签认和监理，但费用监理工作必须符合合同要求，监理工程师无权超越合同所赋予的权力，必须保证每一笔支付都符合合同的要求。

3. 公正原则

监理工程师是作为独立的中介人参与工程管理的，工程费用的支付签认权力。直接涉及业主和承包人的利益。因此，监理工程师必须恪守公正的原则来进行费用监理。FIDIC 合同条件明示：监理工程师要行为公正。

在工程施工活动中，监理工程师处于主导地位，在合同中赋予了广泛的权力。承包人与业主的货币收支行为是否准确和合理，取决于监理工程师所签认的工程费用是否公正。要使工程费用既合理又准确，只有监理工程师保持公正才有可能做到。保持公正立场，是监理工程师进行费用监理的基本原则和起码要求，如果监理工程师不公正，就无法准确地计量实际工作量，无法正确地作出判断，从而直接影响业主与承包人之间的公平交易。特别是当施工过程中发生工程变更、工程索赔和各种特殊风险等情况时，更要求计量支付监理工程师独立而公正地作出判断并对其进行估价，这一系列附加支付直接取决于计量支付监理工程师是否公正。监理工程师在工程费用计量中，必须认真负责，以实事求是的精神和科学的态度做好每一项工作，确保自己站在客观、公正的立场上。

4. 责、权、利相结合的原则

要搞好工程费用监理的各项工作，同样必须贯彻责、权、利相结合的原则。“责”是要完成费用监理任务的责任；“权”是指监理工程师为了完成费用监理任务，对于必须采取的措施所应有的权限，即实施费用监理的权力，确切地说是监理工程师必须拥有工程计量与工程费用签认的权力,否则,计量支付监理工程师就无法履行职责;“利”是根据费用监理任务完成的好坏给予计量支付监理工程师的奖惩。

目前,一些项目中业主往往赋予了监理工程师工程计量的权力,而没有给予费用支付的权力,这必然影响监理的调控力度;一旦出现问题,还可能要求监理工程师完全承担费用监理的责任。由于业主赋予权利的不完全,就使得工程费用监理工作无法有效地进行,并且影响质量和进度监理工作的开展。

责、权、利相结合的原则,一方面是监理工程师自身开展费用监理工作的前提条件;另一方面,也是监理工程师在进行费用监理工作中必须遵守的基本原则。也就是说,监理工程师必须全面分析和理解业主、承包人各自所拥有的责任和权力,在此基础上确认他们各自的利益。只有分清了业主和承包人双方各自的权力和责任,才能准确地协调好双方的利益关系。因此,在工程费用监理过程中,监理工程师必须贯彻好责、权、利相结合的原则。

二、工程费用监理的方法

费用监理的方法很多,从不同的角度可以进行不同的分类和总结,现仅从时间的角度进行分类。从监理措施采取的时间上来看,可以分为事后监理(反馈监理)、事前监理(前馈监理)和跟踪监理(过程监理)三类。

1. 事后监理

事后监理是指监理工程师将计量证书和支付证书以及各种相关的调节信息输送出去后又把作用结果的信息反馈回来,并对信息的再输出发生影响,以起到费用监理的作用。在费用监理中,为了对施工中的各种费用进行有效的监理,要求把实际费用同合同价进行比较,并把发生偏差的信息反馈给各方,以便及时进行调节,保证费用监理目标的实现。

2. 事前监理

事前监理又叫主动监理,是指在发生目标偏差以前,即在实际工程费用超过合同价格之前,根据预测的信息,采取相应的措施予以调节,使工程费用不偏离或尽量少偏离合同价。比如对工程量清单中的分项工程(工程细目)作出单价分析表,了解承包人的报价水平,对各种单价(计日工单价)做出分析,以便掌握在出现工程意外时所应采取的措施。

从事后监理来说,往往由于在监理工程师获得偏差信息的时间和偏差发生的时间之间有时间差,所以这种信息反馈的滞后性使得偏差无法立即被发现,影响纠正偏差的时效和作用。尤其在工程施工过程中,各种意外情况如发现地下埋藏物等经常发生,单纯依靠承包人来报告意外事件的发生之后再去处理,将造成不必要的损失。因此,应加强预防,进行事前的主动监理。这意味着监理工程师必须在全面了解工程特点,承包人的施工能力及技术水平,施工环境和地质地形及原材料等情况的基础上,对下阶段施工中可能出现的意外情况进行预测。在预测的基础上,采取预防措施,从而做到更有效地监理。

3. 跟踪监理

跟踪监理是指监理工程师跟踪施工过程,在施工现场进行监理的一种方法,如旁站监理即是一种典型的跟踪监理。

跟踪监理同事前监理的区别是,前者在工程费用发生的当时就在现场进行监理,而后者则是通过制订措施,明确合同价款等来进行监理;后者还有可能对现有施工条件进行改变,可从较远的时间和较好的施工条件出发来加以考虑，而跟踪监理就没有这些条件。

跟踪监理同事后监理的区别是，跟踪监理的反馈时间很短，几乎是瞬时反馈，采取的措施必须是当机立断，没有过多的时间来全盘考虑；而事后监理则不同，它可以把实际的工程费用与工程费用的目标值与合同价进行比较，把差异原因搞清楚，把差异责任查明白，并提出全面的处理措施和意见，作为下一步工作的依据，而跟踪监理就无此可能。

跟踪监理是一种日常的监理，事前监理与事后监理最后都要通过日常监理才能起作用。没有跟踪监理，事前监理和事后监理就没有意义。另一方面，跟踪监理能及时反馈信息，可以立即采取措施加以调整，监理效果立竿见影。

因此，费用监理事实上存在三种方法，只有将三者有机地结合起来，才能搞好费用监理，片面或单纯采用某一方法都无法有效地搞好费用监理工作。

●第三节　工程费用监理的职责与权限●

监理工程师在工程费用监理中的职责与权限主要从工程计量和工程费用支付两个方面来保障，也就是说，只有对工程计量和工程费用支付拥有监理权，才能真正搞好费用监理工作。若对工程计量无权过问，实际完成的工程量就无法准确掌握，工程的价值就无从确定。同样，若对工程费用支付无权过问，就无法保证工程费用支付是否符合合同要求，无法利用经济杠杆协调业主与承包人在施工活动中的关系，从而不仅不能完成和搞好工程费用监理工作，而且还直接影响监理工程师对工程质量和工程费用进行监理，最终导致无法对整个承包合同实现严格管理。

FIDIC 合同条件中，监理工程师进行工程计量和工程费用支付的职责与权限十分明确，并且两者高度统一，共为一体。概括来说，主要体现在下面两个合同文件中。

1. 通过业主与监理工程师签订的工程监理服务合同赋予

该合同必须全面明确监理工程师和业主双方的权力和义务，明确监理工程师的职责范围。监理工程师必须履行合同中所规定的职责，否则，将对自己失职所造成的损失负责。同时，监理工程师还必须严格遵守合同中规定的权限，不得越权，否则，同样也要承担由此而造成的后果。如监理工程师不得在业主无书面同意的情况下，将监理合同中规定监理方的义务、权力随意转让给他人；如总监理工程师认为必要时，可对施工合同做小的修改，但对实质性的修改，应事先取得业主的书面认可，因为实质性的修改将直接涉及到业主的重大利益；又如，对于工程变更，一般也应同业主协商并取得同意等等。这些方面的约束和限制，一般都会在合同中明确，并采用由业主授权的方式来落实其权限。

2. 通过业主与承包人签订的工程承包合同赋予

业主与承包人签订的工程承包合同文件很多，包括合同协议书、合同条件、工程量清单、技术规范、来往函件等，主要在合同通用条件、专用条件、工程量清单中全面明确监理工程师的费用监理权，一般在通用条件和工程量清单中明确职责和权力，在专用条件中则明确对权力的限制。

此外，国家法律和政府有关职能部门的相关政策、规章制度，也将对监理工程师的职责和权利从外部加以约束和限制。因此，监理工程师在履行合同规定的职责和行使合同所赋予的权力时应自觉接受政府的监督。

复习思考题

1. 什么是建设工程总投资？什么是工程造价？
2. 工程费用由哪些部分组成？
3. 工程费用及支付有哪些特点？
4. 工程费用监理的原则有哪些？
5. 工程费用监理的方法有哪些？

第二章 工程量清单与投标报价

教学要求

1. 描述工程量清单与清单工程量的概念；
2. 说明工程量清单的内容；
3. 描述投标报价的程序；
4. 说明投标报价的方法。

●第一节　工程量清单●

一、工程量清单和清单工程量

1. 工程量清单

工程量清单，是指招标单位按一定的原则将招标的工程进行分解，以明确工程的内容和范围，并将这些内容数量化，且以表格形式表述的文件。工程量清单是一个工程项目表，它常以每一个体工程为对象，按项、目、节、细目列出其工程数量，反映出该工程项目的主要内容和预算数量。工程量清单是招标文件的重要组成部分，当由投标人填上单价后，即成为标价的工程量清单（报价单）；中标的报价单即是工程费用支付时的直接基础。

我国的公路工程招标都由招标单位提供工程量清单。《公路工程国内招标文件范本》的第7篇提供了公路工程工程量清单范本，第5篇“技术规范”中提供了各工程细目的施工要求、质量检验及计量与支付的方法，并且作为《公路工程国内招标文件范本》的配套用书，交通部公路工程定额站、湖南省交通厅出版了《公路工程工程量清单计量规则》，规范了工程量清单中工程细目的划分、计算单位、工程量计算规则，界定了工程内容，以供招标单位编制工程量清单时参考。

工程量清单的作用有以下三点：

（1）便于招标单位编制标底。

（2）为所有投标人提供一个报价计算的共同基础。这样既可以使投标人能够高效准确地编写报价单，合理地进行投标报价，又便于评标时对报价进行分析比较。

（3）为实施工程计量与支付提供重要依据。

2. 清单工程量

清单工程量是指工程量清单中所列的工程数量。它是在实际施工生产前根据设计图纸、说明、工程量计算规则和技术规范所得到的一种准确性较高的预计数量，而不是承包人应予以完成的实际和准确的工程量。

计算清单工程量时，一定要注意与设计图纸、说明、技术规范及工程量计算规则的统一，否则，会给评标工作和将来的施工监理工作带来麻烦。

二、工程量清单的内容

工程量清单由以下内容组成：说明、工程细目、专项暂定金额汇总表、计日工明细表、工程量清单汇总表。

1. 说明

工程量清单说明是对工程量清单所作的一种解释，主要阐明工程细目的包容程度及费用依据，明确编制工程量清单时已经采用的计算方法，以及这种计算方法是否将继续用于实际工程的计量。同时，还应说明单价所包含的内容和范围，并要求工程量清单中各章的工程细目的范围与计量等应与计算规则、技术规范相应章节的范围、计量与支付条款结合起来理解或解释；在说明中，亦须强调指出工程量清单中各细目工程数量的性质和估算量，达到提醒投标人投标报价及将来施工计量支付时计量人员注意的目的。

由于工程量清单各章是按计算规则、技术规范相应章次编号的，因此，工程量清单有标价的单价与合价，均已包括了所有施工的工、料、机费，以及安装费、质检费、缺陷修复费、保险费、管理费、税费和利润，同时包括合同明示和暗示的所有一切风险、责任和义务。因此，一般在说明中均规定：无论数量是否标出，在工程量清单中的每一细目均需填上单价，否则，没填单价的细目将被视为已分摊到其他细目的单价之中，那些符合合同规定的工作若没有列细目，亦视其费用已经分摊到有关细目的单价之中。

2. 工程细目

工程细目又叫分项清单表，是对招标工程中各个工程项目的工程单位、数量、单价及合价进行分章编列，以便将不同性质、不同位置、不同的施工阶段或其他特性不同的工程加以区别。工程细目可根据工程的具体情况分为不同的项、目、节和细目。

工程细目的划分，必须结合工程量清单、技术规范及计量规则来进行。《公路工程国内招标文件范本》工程量清单中工程细目按七个章次划分，分别为：第 100 章总则，第 200 章路基，第 300 章路面，第 400 章桥梁、涵洞，第 500 章隧道，第 600 章安全设施及预埋管线，第 700 章绿化及环境保护。

下面节选《公路工程国内招标文件范本》工程量清单及《公路工程工程量清单计量规则》的部分内容，供大家参考，见表 2-1、表 2-2。

工 程 量 清 单（节选） 表 2-1

清单 第 300 章 面路					
细目号	细 目 名 称	单位	数量	单价	合价
302-1	碎石垫层				
－a	厚…mm	m^2			
302-2	砂砾垫层				
－a	厚…mm	m^2			

续上表

清单　第300章　面路					
细目号	细 目 名 称	单位	数量	单价	合价
303-1	石灰稳定土底基层				
－a	厚…mm	m^2			
…	…				

工程量清单计量规则(节选)　　表 2-2

项	目	节	细目	项目名称	项目特征	计量单位	工程量计算规则	工程内容
三				路面				第 300 章
	2			路面垫层				第 302 节
		1		碎石垫层	1. 材料规格 2. 厚度 3. 强度等级	m^2	按设计图所示,按不同厚度以顶面面积计算	1. 清理下承层、洒水 2. 配运料 3. 摊铺、整形 4. 碾压 5. 养护
		2		砂砾垫层				
	3			路面底基层				第 303 节
		1		石灰稳定土底基层	1. 材料规格 2. 配合比 3. 厚度 4. 强度等级	m^2	按设计图所示,按不同厚度以顶面面积计算	1. 清理下承层、洒水 2. 配运料 3. 摊铺、整形 4. 碾压 5. 养护
				…	…	…	…	…

根据工程量清单中工程细目的工程种类的不同,可以划分为以下几种计量方法:

1)采用基本计量单位的清单栏目

如表 2-1 中所示,工程计量单位非常直观和具体,如平方米(m^2)、立方米(m^3)、吨(t),千克(kg)、米(m)等。

2)以项为单位的清单栏目

计量单位没有具体化,是就整体而言,如集水池(座)、套(set)、个数等。

3)暂估数量的清单栏目

工程计量单位也非常具体,不同的是工程数量明确但列明是暂估的,如挖除非适用材料(暂估数量)等。

4)暂定金额的清单栏目

工程计量单位也是就整体而言,暂估的是该项的总额数。

5)以时间为单位的清单栏目

工程计量单位按时间计,如计日工小时(h)、天(d)、周(w)等,数量实际上也是暂估的。

6)其他

工程计量单位以组合形式出现,如弃方超运($m^3 \cdot km$)等。

3. 专项暂定金额汇总表

专项暂定金额,是在实施本工程中尚未以图纸最后确定其具体细节或某一工程部分或在施工过程中可能增加的工程细目或支付细目,如大桥荷载试验,或可能增加一个匝道收费亭(举例)等,而这些细目或附属、零星工程在招标时尚未能肯定下来,可将其列为专项暂定金额。每一章次的专项暂定金额汇总构成专项暂定金额汇总表,见表 2-3。

专项暂定金额汇总表　　表 2-3

清单编号	细目号	名　称	估计金额(元)
400	401-1	桥梁荷载试验(举例)	60000
…	…	…	…
…	…	…	…
专项暂定金额小计(结转工程量清单汇总表)			

4. 计日工明细表

计日工俗称"点工"。当工程量清单所列各项均没有包括,而这种例外的附加工作出现的可能性又很大,并且这种例外的附加工作的工作量很难估计时,则需以计日工明细表的方法来处理这种例外。应当指出,国内工程不太使用计日工,但 FIDIC 条款下使用计日工的场合很多,监理工程师应当认真对待这一灵活性较强的工作。

计日工明细表包括:总则、计日工劳务、计日工材料、计日工施工机械四个方面的内容,并且由相应的计日工劳务单价表、计日工材料单价表、计日工施工机械单价表和计日工汇总表等四个表组成。现以计日工劳务单价表为例,见表 2-4,其他格式请参见招标文件范本。

计日工劳务单价表

合同段:　　表 2-4

细目号	名　称	估计数量(小时)	单价(元/小时)	合价(元)
101	班长			
102	普通工			
103	焊工			
104	电工			
105	混凝土工			
106	木工			
107	钢筋工			
	…			
计日工劳务(结转计日工汇总表)				

注:根据具体工程情况,也可用天数作为计日工劳务单位。

5. 工程量清单汇总表

本表是对工程细目的汇总,包含由各个工程量清单以章结转过来的内容,同时还列有考虑专项暂定金额、计日工、工程意外和价格意外等的不可预见费。表中包括序号、章次、科目名称、金额四部分,详见表 2-5。

工程量清单汇总表

合同段:__________ 表 2-5

序号	章次	科目名称	金额(元)
1	100	总则	
2	200	路基	
3	300	路面	
4	400	桥梁、涵洞	
5	500	隧道	
6	600	安全设施及预埋管线	
7	700	绿化及环境保护	
8	第100章至第700章清单合计		
9	已包含在清单合计中的专项暂定金额小计(同专项暂定金额汇总表)		
10	清单合计减去专项暂定金额,即 8 - 9 = 10		
11	计日工合计		
12	不可预见费(暂定金额)		总额
13	投标价 13 = 8 + 11 + 12		

三、工程量清单的优点

工程量清单的优点体现在以下方面:

1. 管理简单

由于清单中的单价包括了工程项目的所有费用,对业主和监理工程师来说,施工过程中的管理就变得十分方便。业主根据承包人进度计划中每个时期完成的工程量,按照清单中的单价做好资金筹措。监理工程师在实施监理过程中,除了按合同条件对个别项目的单价进行变更外,避免了由于单价引起的任何麻烦。

2. 适应性强

由于工程量清单中的数量不作为结算工程价款的凭据,清单中的数量可以是一个估算的数量,因此可以采用施工图设计或初步设计中所计算的工程量编制招标文件进行招标,特别是在投标期间对于一些项目没有足够资料估价时,还可以暂定金额的形式予以考虑。

3. 竞争性强

建设市场改革采用招标、投标制度的目的就是反对垄断,鼓励竞争,而单价合同的竞争性最强,承包人为了中标就必须提高管理水平和技术水平,并提出一个合理的报价。

4. 保险性好

采用单价合同的工程量清单对业主和承包人双方都保险。合同条件中对合同双方的风险作了明确而详细的规定。一般不经常发生的风险或对单价影响较大但又无法预料的风险(例如战争、叛乱等特殊风险以及市场价格浮动、不利的外界障碍、后继的法律等风险)均由业主承担。这就避免了由于上述风险的发生导致承包人的破产。而对业主来说,由于规定了这些风险由他承担,在招标时他就可以得到一个合理的报价。

•第二节　投标报价•

投标报价是投标的关键性工作。它通常应在投标单位决策人的主持下，由预算部门负责，在有关业务部门的配合下进行。由于承包人的投标报价的恰当与否，一方面决定他能否中标，另一方面直接关系到他中标后能否顺利完成工程施工任务和获得利润的多少，因此，承包人一定会根据其自身的经验和企业管理水平认真细致地计算投标报价。

一、投标报价的基本原则

(1)遵循公司既定的经营方针和发展规划，根据市场动态和公司业务开拓计划确定投标策略。

(2)实事求是，一切从实际出发。既要发挥公司的优势，考虑公司的承受能力和承建队伍可能达到的管理水平，也要考虑市场竞争的形势，做到随行就市。报价力求合理，既保证一定收益，又具有竞争力。

(3)要认真调查研究当地市场和施工现场，掌握第一手资料；认真执行公司有关规章制度；论证地使用有关施工定额和其他经验资料，保证报价的科学性和可靠性。

(4)切实保证报价资料的质量，尽可能采用先进的计算手段，使计算迅速、准确。报出文件(或表格)的文字(或数字)清晰、准确，符合招标文件的要求。

二、投标报价的编制依据

1. 工程量清单及其说明

工程量清单是工程结算的依据。工程量清单将工程及其费用按照工程内容分成细目，同时明确各分项细目包含的全部内容和费用，凡是未单独列出分项细目的费用(如其他现场费、上级管理费、风险和企业利润等)均须分摊到列出的各分项细目费用之中。所以，标价的编制应当按照清单所列分项细目，逐项计算费用，同时逐项计算分摊费用。

2. 施工组织方案

投标人为实施工程所编制的施工组织方案和施工计划是编制投标报价的重要依据，也是中标以后组织施工的依据，因此，必须是切合实际的。施工组织方案和施工计划应明确各道工序所用机械设备、材料和人员及其工作效率和时间。

3. 合适的工程定额

编制投标报价用的工程定额是实施性定额，所以，应当以适合本企业的施工定额为基础，并按照工程量清单分项细目的工作内容进行调整或组合。这种定额，必须尽可能切合实际，一是切合施工现场的实际情况；二是符合施工拟用设备的功能、效率和施工现场管理方法及其水平。这种定额，应当是企业根据自身经验自行编制的；或者参考机械使用说明书推荐资料，以及我国通用定额，并根据具体情况进行调整、确定。实践证明，在不同的现场条件下，不同的组织管理水平所达到的工效有很大的差异，因而，工程成本也有明显不同。由于投标时对于施工现场的了解毕竟有限，施工环境和自然条件也有较大的不确定性，因此，留有余地是十分重要的。当然，留有余地可以在选用定额时体现，也可以作为不可预见因素，在分摊费用中予以考虑。

4. 实际发生的管理费用

由于采用施工定额，对各种间接费用就要考虑周全一些。同时，为了更加切合实际，各项间接费用应采取逐项实际计算，然后作为分摊费用摊入各项细目单价中。但是，清单中单独开列的项目不在分摊费用之列，以免重复。

三、投标报价的准备工作

1. 制订投标工作计划

工程项目投标工作时间紧，涉及部门多，要求高。所以，投标工作开始就要有严密的工作计划和日程安排，并分发各有关人员，切实遵守，确保各项工作有条不紊地进行。

2. 初步研究标书

在购买标书之后，现场考察之前，应对标书进行初步研究，为现场考察准备提纲，为标前会议准备问题。为此，应仔细阅读工程概况、标段划分、施工环境和施工条件的说明；对技术规范中与现场条件关系比较大的条目进行初步了解，列出需要重点考察的环节；提出有关投标报价需要进一步搞清的问题。

3. 参加现场考察和标前会议

现场考察和标前会议一般由招标人统一组织，并安排前后进行。现场考察是投标人了解现场的最好机会。招标人安排有关人员对工程概况进行现场说明。投标人在现场考察中应着重了解以下情况：

(1)地质、地形、地貌对施工的影响；

(2)沿线气候和水文情况；

(3)特殊地质路段的调查；

(4)当地材料的分布、开采条件或供货条件；

(5)改建道路和交叉道路的交通状况；

(6)可供选择的建点位置；

(7)在少数民族地区还应注意了解当地风俗民情，以便在施工安排中加以考虑。

标前会议是招标人为了集中回答投标人有关招标事宜的问题而召开的。投标人可以对招标文件中不清楚之处或与招标有关的其他事项当场提问，业主代表将在会上进行口头答复，随后就实质性问题作出书面答复，以补遗文件形式寄给所有投标人，成为招标文件的组成部分。口头答复与书面答复有出入时，以后者为准。另外，在标前会议之前、之后对招标文件及有关事宜有疑问时，只要在招标文件规定的提问时限之内，同样可以向招标人书面提问，招标人答复同样采取书面形式，并同时寄给所有投标人。投标人对所有补遗文件均应认真阅读，作为编标依据。

4. 投标阶段的市场调查

投标阶段的市场调查主要是为了了解当地承包市场的动态以及为投标报价收集资料。

1)当地承包市场动态调查

当地承包市场动态调查是为了分析本次投标的竞争形势，以便作出投标决策。调查内容主要是：

(1)了解和分析有多少家公司将参加本次投标；

(2)调查潜在的竞争对手的经营状况，了解其实力、资信，其在建项目的分布以及任务是否饱满；

(3)收集以往的报价资料，预估市场价格水平，是投标决策的一项重要工作。

2)商业市场调查

(1)工程所需建筑材料、机械配件、用具、油料等工程物资和生活物资的供应条件，是影响工程成本的重要因素。因此，应调查当地或附近地区这类物资的供应情况，即有无货源、数量、质量、价格和供货条件。特别是大宗材料，如石料、石灰、水泥等，必须保证按时、按质、按量供货，以免发生停工待料，或因质量不合格而返工。

(2)对于进口物资，要了解购货手续和有否限制，了解海关税率及其征收办法，了解港口费用；还要了解发货时间、运输周期，以及通关所需时间，从而预估物资到场时间，以便制订恰当的施工计划。

(3)公路工程施工所需机械类型繁多，但有些机械使用周期不长，利用率不高，全部自备并不划算。例如，安装拌和站的大型吊车，集中供料时的运输车辆，以及各工序施工高峰期需要增加的各种工程机械，都有临时租用的需要。为此，调查工程机械租赁市场情况很有必要。

3)劳务市场调查

随着劳务市场的发展和规范化，工程施工所需劳力必然更多地在当地劳务市场解决。因此，进入一个地区开展业务，就要注意了解当地劳务市场可能提供的劳务工种，可供选择的工人的素质、数量，以及雇佣的手续、基本工资和各种补贴、社会福利、社会保险等规定。

4)其他有关业务调查

要注意调查各地的地方法规，例如，有关招标投标实施条例、管理办法，有关商业注册、税收和劳务市场管理的规定等。各种税收涉及各个主管部门，有中央的、地方的，往往要多方联系才能弄清端倪。因此，不可草率从事。从事各种保险业务的保险公司，其保险条件各不相同，要多方询价，才能得到比较合理的报价。

5. 详细研究标书

1)认真研究合同条款

认真研究招标文件的合同通用条款和合同专用条款。《公路工程国内招标文件范本》的合同通用条款的内容对每项工程招标具有通用性，使用时不得修改；专用合同条件则仅仅适用于特定工程项目。所以，对于合同通用条款应当在平时就认真阅读，熟悉其内容和含义。投标之前要着重研究招标文件的合同专用条款，特别是一些定量的内容(数据和信息)，包括以下内容：

(1)关于工期的规定和延期惩罚　工期对于承包人是硬指标，能否按期完成工程是承包人信誉的首要因素。拖期往往被认为是承包人履约能力差的表现，不但给业主造成经济损失，而且由于拖长工期，承包人的管理费、设备折旧费等固定开支增加，同时也影响资金、施工设备、施工人员的周转使用，从而加大工程成本。此外，还会受到延期罚款。

(2)关于工程预付款与保留金　工程预付款有开工预付款和材料、设备预付款两种。开工预付款是业主开工初期提供承包人做施工准备之用的；材料、设备预付款则是业主在材料、设备到场时按照材料购买价和设备购置费(或其现值)的一定比例预先支付给承包人的，但其总金额都有一定限度。由于业主提供工程预付款的额度和支付条件各不相同,合同条款通常还要求承包人出具预付款保函,因此,投标人应当注意有关条款,并在编标时予以考虑。

(3)报价方式和支付条件　公路工程一般采用以工程量清单为基础的单价合同。国内工程采用所在国货币支付;国际工程一般应部分采用外币支付,以便照顾外国承包公司的外汇需求,但报价时都要按统一规定(时间和银行)的汇率折合为当地货币,以便评标时进行比较。采用两种货币就必须考虑外汇与本地货币的兑换率及其波动的可能性。

(4)关于税收　税收是因时、因地变化的重要因素。各国的税种和税率都不相同,在不同时期也会有所调整,特别是加入世贸组织前后,海关及其他税种和税率调整会更加明显。因此,要注意税务法规的变化,只要是在项目实施期间适用的税法都要在投标报价中考虑进去。招标文件一般只是笼统地要求投标人在投标中考虑各种应缴税收,但并不开列包括的税种和税率。因此,要仔细研究标书中有关税收的条款,并与社会经济调查结合起来。

(5)其他方面　第一,凡是招标文件规定由承包人支付的保险,如人员工伤保险、施工设备保险等作为管理费列入各工程细目的单价或费率中,都要避免遗漏;而在工程量清单中单独列出的保险项目并已标明固定金额者,如建筑工程一切险和第三方责任险,就不必另行报价或摊入工程细目费用中。第二,各个项目关于投标银行保函、履约银行保函、预付款银行保函金额及开具要求(如对银行级别和信誉的要求)的规定都有所不同,这对于投标和工程费用都有影响,应予注意。

2)仔细研究技术规范

招标文件中的技术规范规定了各项工程内容、质量要求和计量方法,是各项细目报价编制的依据,必须逐条仔细阅读。

对于工程难度变化可能比较大的分项细目应特别注意。例如,清理场地以平方米(m^2)计量,但不同地区的植被却有很大差异,应在熟悉技术规范的有关规定之后进行实地调查以确定工程难度和工作量,作为编制报价的依据。

对于工程难度比较大的特殊地区路基处理、大型构造物施工,都应在熟悉技术要求之后进行实地调查,确定施工方案,编制施工计划,然后编制报价。

6. 确定投标策略

在对投标项目所在地区进行市场调研,对项目招标文件进行研究,对市场竞争形势进行分析,并进行现场考察之后,就可以根据本企业的实力和发展需求,制定投标策略,作为投标的指导方针。

7. 合作和分包

包括合作单位及合作形式,分包的工程分项细目,分包单位的确定;合作或分包单位报价资料的提供和使用等。

8. 初步施工方案的编制

编制施工方案的人员安排,编制的原则、方法、要求及审定程序。

9. 报价定额的采用

主要项目报价定额对总报价起着主导作用,因而这些项目采用的定额必须加以论证,选用的原则应加以规定。

四、投标报价的构成、计算方法及投标报价的最终确定

1. 投标报价的构成

(1)直接费:人工费、材料或货品费、施工机械使用费;

(2)分摊费:初期费用、现场管理费用、其他分摊费用;

(3)分包费 = 分包商报价 + 主包管理费;

(4)暂定金额(计日工、专项暂定金额、不可预见费)按合同条款执行。

2. 直接费的计算

1)单价构成

(1)人工费:单位工程的用工量(以工日计)×工日基础价格;

(2)材料或货品费:单位工程的材料消耗量或货品(不同材料或货品用不同计量单位)×材料或货品单位基础价格;

(3)施工机具使用费:将工程施工中使用的机械设备、工具及动力消耗等按不同类别的子项工程分别摊销;

(4)各种管理费和一切其他间接费用:分别摊入每一子项工程的单价中;

(5)利润:指预期税前利润,根据不同工程情况和竞争激烈程度等不同情况,在报价前确定预期利润率,计入每个子项工程的单价中。

从以上组成分析,可以看出,对工程单价有着重大影响的因素是三个方面,即基础价格(包括工日、材料或货品设备等)、工程定额(包括材料消耗定额、工日消耗定额和施工机械台班定额)和各种摊入系数。

2)基础价格计算

(1)工日基价　工日基价是指工人每个工作日的平均工资。如果整个工程是雇佣当地工人,只需按当地建筑工人的月工资,适当加入应由雇佣人支付的各类法定的各种补贴、社会福利、社会保险津贴费等,除以每月平均工作天数,即为工日基价。若当地有工资上涨的趋势,可再适当乘以预计上涨率。

(2)材料设备的基价　交货方式不一,供货人所报价格的表现形式可能也是多种多样的。为了便于进行工程投标的计算,应当全部换算为材料设备到达施工现场的价格,作为基价。

(3)施工机械使用费基价　施工机械设备费用以何种方式计入工程报价中,要根据招标文件的规定决定。多数招标项目不单列施工机具设备费用栏目,投标人应当将这笔费用分摊到分项工程细目的单价中,至于分摊的方法,则由投标人自己决定。

3. 分摊费用计算

1)初期费用

在不同的招标项目中包含的内容可能不尽相同,一般包括以下组成部分:

(1)现场勘察费　业主移交现场后,应立即进行补充测量或者勘探,可根据工程场地面积估算。

(2)现场清理费　包括清除树木、旧有建筑物等,可根据现场考察的实际情况进行估算。

(3)进场临时道路费　如果需要时,应考虑其长度、宽度和是否有小桥、涵洞及相应的排水设施等,并应考虑其经常维护费用。

(4)业主代表和监理工程师设施费　如招标文件规定了具体内容和要求，则应根据其要求计算报价。

(5)现场试验设施费　如招标文件中有具体规定，应按其要求计算，否则可按工程规模考虑简易的试验设施并计算其费用，如混凝土试件制作、试验等，而其他材料、成品的试验可送往附近的研究试验机构鉴定，考虑一笔试验费用即可。

(6)施工用水、电费　根据施工方案中计算的水电用量，结合现场考察调查，确定水电供应设施。例如水源地、储水设施、供水管网、外接电源或柴油发电站、供电线路等，并考虑水费、电费或发电的燃料动力费用。

(7)施工机械费　在前面“基础单价的计算”中，已算出施工机具设备使用基价，一般可将机具设备的折旧费和安装拆卸费计入本项中，至于燃料动力、操作人工和维护修理等都计入台班费中，并摊入各工程单价。

(8)脚手架及小型工具费　根据施工方案，考虑脚手架的需用量并计算总费用。

(9)承包人临时设施费　按施工方案中计算的施工人员数量，计算临时住房、办公用房、仓库和其他临时建筑物等，并按简易标准计算费用，还应考虑生活营地的水、电、道路、电话、卫生设施等费用。

(10)现场保卫设施和安全费用　按施工方案中规定的围墙、警卫室和夜间照明等计算。

(11)职工交通费　根据生活营地远近和职工人数计算交通车辆和职工由住地到工地往返所需费用。

(12)其他杂项　如恶劣气候施工措施、职工劳动保护和施工安全措施等，可按施工方案的安排估算，这些内容一般在技术规范的“第100章总则”中出现，哪些进入工程量，在技术规范中的计量与支付内容中有规定。

2)现场管理费用

不便列入上述初期费用的其他一切开支，均列入现场管理费，并按一定系数摊入各项工程量中。常见的费用名目如下：

(1)投标费用　包括招标文件购置费、投标人员差旅费和工资、外事活动费等。

(2)保函手续费　包括投标银行保函、履约银行保函、开工预付款银行保函等，可按估计各项保证金乘以银行保函年费率，再乘以各种保函有效期(以年计)即可。

(3)保险费　包括工程一切险、第三方责任险、车辆保险等，至于施工人员的人身事故和医疗保险及强制性的社会福利保险费可计入施工人员的工资(工日基价内)，材料设备运输过程中的保险计入材料设备基价内。

(4)税金　包括合同税、印花税、公司营业税和各种关税等。

(5)管理人员费　从生产和辅助生产劳务数量按比例并结合管理岗位计算管理人员数量，参照前面所述工日基价计算管理人员工资和费用。

(6)行政办公费　包括管理部门的文具、纸张、表册、邮电及办公室用家具、器具和日常使用低值易耗品，移交水电、空调、采暖等开支。

(7)生活设施费　如厨房设施、卫生设施、环境清洁等设施费用。

(8)交通车辆使用费　办公人员的交通工具(如轿车、面包车等)的折旧、保险、维修和燃料费用等。

(9)竣工清理费用　竣工清理如未列工程量表,可计入现场管理费中。

(10)其他费用　凡是在“初期费用”中不能列出,而又必须支出的各项费用均可计入。

3)其他分摊费用

其他分摊费用是指现场管理费用之外的各项费用,可以根据不同条件研究确定其比例,并应同现场管理费用一样,摊入工程量表的各工程细目价格中。具体包括以下内容:

(1)流动资金利息;

(2)上层机构管理费;

(3)利润;

(4)风险系数和降价系数引起的费用变动。

4. 投标报价的最终确定

(1)要把内部计算价(即各分项的单价)与预估的主要竞争对手的投标报价进行比较,主要是对相同的分项细目的单价进行比较、分析。同一个国家特别是同一个部门编制的标书,其工程数量清单的分项及其内容往往是相同的,有的连编号也是固定不变的,比较时只考虑施工条件的差异,例如,工程量大小不同,材料运距不同,工程难易程度不同等等。工程量大而集中,工作效率可以提高;零打碎敲,效率大大降低,成本也就高了。材料运距相差较多,就应测算运距增加或减少对价格的影响。工程难易程度不同,如清理场地,有草木密集与松散之差,有地形简单与复杂之别,石方工程也有开挖难易之分。此外,交通条件、交通干扰,地区性气候差异也都会对单价有所影响。因此,不能机械地对比。在单价分析对比的基础上,还应对总价进行对比,而且还应预估竞争对手在本次投标中可能采取的策略,即根据其对获得新工程的迫切性和有利、不利条件,预估其报价水平是否提高或降低。此外,还要预估有否新的竞争对手,这是所谓“知彼”。

(2)分析自己的初步报价,看是否还有潜力,或者有多大风险,可从以下几点进行检查。

①施工方案、施工计划是否切实可行。万一出现不利情况,如因天气或其他原因耽误工期,是否可通过必要的加班把工期追回。

②施工机械设备配备是否留有余地。万一机械出了故障,是否有可能尽快修复或就近临时租用填补空缺。

③选用的施工定额是否有偏高或偏低的情况。

④工、料、机和待摊费用的取费是否都有依据,是否可靠。

⑤有否漏项或重复计算之处。

通过逐项分析检查,可以预估风险和潜力大小。

(3)测算其他效益指标,包括以下几点:

①资金占用率。预估需要投入的资金,包括投入已有的施工设备和需要增购的施工设备,还包括需要投入的周转金(用于购买工程材料,支付人工费、临时设施及其他间接费)。计算产值资金占用率,对于道路工程,资金占用比例是很高的,特别是在一个新地区开辟的第一个项目,全部新购施工设备,仅固定资金就可能达到甚至超过合同总额,这就要衡量一下公司是否有能力或是否值得投入这样一大笔资金,特别是需要新投入的资金较多时,更要考虑其效益。

②资金回收额。计算本工程可回收的资金额(固定资产折旧费、流动资金回收率、资金贷

款利息、利润、上缴管理费等),并预估全部回收时间,以分析资金回收速度。

③资金利润率。预估可获得的利润额与投入资金的比率,评价承接的项目是否符合公司经营的要求。

通过对初步报价的效益评估和潜力(或风险)分析,同时与市场行情价格比较,再根据公司投标策略,决定是否调整报价,以及调整报价的幅度,然后确定本次投标的最终报价。

复习思考题

1. 什么叫工程量清单？工程量清单有哪些作用？
2. 工程量清单的优点有哪些？
3. 工程量清单包括哪些内容？
4. 投标报价编制的依据有哪些？
5. 投标报价的准备工作有哪些？
6. 投标报价由哪些费用构成？

第三章

工 程 计 量

教学要求

1. 描述工程计量的依据、原则及时间要求；
2. 说明工程计量的职责与权限；
3. 描述工程计量的程序；
4. 进行公路工程计量。

●第一节　概　　述●

一、工程计量的重要性

1. 计量是控制项目投资支出的关键环节

工程计量是根据设计文件及承包合同中关于工程量计算的规定，监理工程师对承包人申报的已完成工程的工程量进行的核验。合同条件中明确规定工程量清单中的工程量仅是估算工程量，不能作为承包人应予完成的实际和确切的工程量。因为工程量清单中的工程量是在编制招标文件时，在图纸和技术规范的基础上估算的工作量，不能作为结算工程价款的依据，而必须通过监理工程师对已完工程进行计量。经过监理工程师计量所确定的数量是向承包人支付任何款项的凭证。

2. 计量是约束承包人履行合同义务的手段

计量不仅是控制项目投资支出的关键环节，同时也是约束承包人履行合同义务、强化承包人合同意识和控制质量与进度的重要手段。FIDIC 合同条件规定，业主对承包人的付款，是以监理工程师批准的付款证书为凭据的，监理工程师对计量支付有充分的批准权和否决权。对于不合格的工作和工程，监理工程师可以拒绝计量。同时，监理工程师通过计量，可以及时掌握承包人的工程进展情况，当监理工程师发现工程进度严重偏离计划目标时，可要求承包人及时分析原因、采取措施、加快进度。因此，在施工过程中，监理工程师可以通过计量支付手段，控制工程按合同进行。

二、工程计量的范围

合同规定计量的项目包括以下三个方面：

1）清单中的工程项目

清单中的工程项目全部需要进行计量。合同文件规定，没有填写单价与金额的项目，其费用已包括在清单的其他单价或款项中，因此，对于清单中没有填写单价与金额的项目，仍需进行计量，以便确认承包人是否按合同条件完成了该项工程。

2）合同文件规定的项目

除了清单中的工程项目以外，在合同文件中通常还规定了一些包干项，对于这些项目也必须根据合同条件进行计量。

3）工程变更项目

工程变更一般附有变更清单，工程变更清单同工程量清单具有相同的性质。因此，对于工程变更清单项目亦必须按合同有关要求进行计量。

上述合同规定以外的项目，例如承包人为完成上述项目而进行的一些辅助工程，监理工程师没有进行计量的义务，因为这些辅助工程的费用已包括在上述项目的单价中。

三、工程计量的依据

1. 质量合格证书

对于承包人已完工程，并不是全部计量，而只是质量达到合同标准的才予以计量。因此，工程计量必须与质量监理紧密结合，经过专业监理工程师检验，工程质量达到合同规定的标准后，由专业监理工程师检验签署质量合格证书，只有质量合格的工程才予以计量。所以说，质量监理是计量的基础，计量又是质量的保障，通过计量支付，强化承包人的质量意识。

对实体质量合格，外观存在缺陷的但不影响使用和安全的工程，监理工程师可根据合同规定折减计量支付，并报建设单位批准。

2. 工程量清单说明和技术规范

工程量清单说明和技术规范是确定计量方法的依据。因为工程量清单说明和技术规范的“计量支付”条款规定了清单中每一项工程的计量方法，同时还规定了按规定的计量方法确定的单价所包括的工作内容和范围。

例如，某高速公路技术规范计量支付条款规定：所有道路工程、隧道工程和桥梁工程中的路面工程，按各种结构类型及各层不同厚度分别汇总，以图纸所示或监理工程师指示为依据，按经监理工程师验收的实际完成数量，以平方米（m^2）为单位分别计量。计量方法是根据路面中心线的长度乘图纸所标明的平均宽度，再加单独测量的岔道、加宽路面、喇叭口和道路交叉处的面积，以平方米（m^2）为单位计量。除监理工程师另有指示外，任何超过图纸所规定的尺寸的计算面积，均不予计量。

3. 设计图纸

在工程量清单说明中规定，对于某些工程项目，计量的几何尺寸应以设计图纸为依据，监理工程师对承包人超出设计图纸要求增加的工程量和自身原因造成返工的工程量不予计量。例如：某高速公路施工监理中，钻孔灌注桩的计量支付条款规定按照设计图纸以延米计量，其单价包括所有材料及施工的各项费用。根据这个规定，如果承包人做了45m，而桩的设计长度为40m，则只计量40m，承包人多做的5m钻孔灌注桩，业主不予补偿。对路基基底处理、结构物基础的基底处理及其他复杂、有争议需要现场确认的项目，应会同建设、设计、施工等单位进行现场计量。

四、工程计量的原则

在进行工程计量时,应遵循以下原则:

(1)不符合合同文件要求的工程,不得计量。

(2)按合同文件所规定的方法、范围、内容、单位计量。

(3)按监理工程师同意的计量方法计量。

五、工程计量的时间要求

根据合同规定,监理工程师应及时对已经完成且质量合格的工程细目进行计量,并且对一切进行中的工程,均需每月粗略计量一次,到该部分工程完工后,再根据规范的条款进行精细的计量。每月进行计量的目的是掌握工程进度情况及核定月进度款(即中期支付证书),为此,监理工程师应填制"中间计量单"。

对于隐蔽工程,则须在隐蔽工程覆盖之前进行计量。否则,在覆盖后进行计量将使工作更复杂和更困难。

六、工程计量的职责与权限

根据 FIDIC 合同条件的规定,监理工程师在工程费用监理中的职责与权限主要体现在工程计量和费用支付两个方面。为了真正做好费用监理工作,必须明确监理工程师在工程计量中的职责并赋予相应的权利。

1. 计量的职责

计量的基本职责就是按照合同文件的有关规定准确测定已完工程的实际工程量。由于公路工程施工一般采用单价合同,工程量的多少直接关系到某次付款的金额,涉及业主与承包人双方的直接经济利益,而工程量清单中的工程量只是估算的工程量,所以完成某一工程细目的实际工程量必须由监理工程师按照有关的计量规定来确定。因此,计量既是监理工程师的一项基本职责,也是费用监理最重要的一个方面。

2. 计量的权力

合同条件中明确规定计量工作由监理工程师负责,已完工程量的最终确认权在监理工程师。因此,监理工程师的计量权力实际上是对计量结果的确认权。具体说来,监理工程师有权拒绝对质量不合格部分的计量,同样也有权审查和核实承包人的计量记录,删除那些不合理的部分。所谓不合理是指虽然质量合格,但没有按规范指定的计量细则和计量方法计量或者多计;或者大多数工程是合格的,但其中混有不合格的部分等。总之,要按技术规范、工程量清单说明及合同条件中有关计量的规定来判定是否合理。

3. 权力的限制

尽管合同文件没有直接给出有关权力限制的内容,但这一思想已隐含其中。由于监理工程师拥有工程量的确认权,因而承包人会想方设法让监理工程师尽可能地多批工程量,最终达到多获得工程进度款的目的。为了防止监理工程师与承包人串通,合同文件中对监理工程师总的工作原则作出了明确规定,例如,监理工程师必须公正独立地进行工作,认真地行使职权,不得损害业主的利益,这就是对这种权利的一种约束和限制。同时,还可由政府机关按照有关法律和条例对监理工程师的工作加以监督，这实质上就是对监理工程师的权力和职责从外部加以约束和限制。

●第二节　工程计量程序及管理●

一、工程计量程序

我国公路工程施工监理的计量工作分为驻地监理工程师办公室、高级驻地监理工程师办公室和总监理工程师办公室（代表处）三级管理程序。

计量工作主要由驻地监理工程师承担，高级驻地监理工程师负责审核，总监理工程师（代表）最后审定。高级驻地监理工程师和总监理工程师（代表）对驻地监理工程师的计量结果拥有充分的否决权；对于计量中的数量问题有权更改或责令驻地监理工程师进行复查；若发现计量的工程中存在质量问题，有权责令承包人对缺陷部位返工或修补，并重新签发中间交工证书。

1. 驻地监理工程师对工程的计量

1）计量类型

（1）监理工程师独立计量　计量工作由监理工程师单独承担，然后将计量的记录送承包人，承包人如对监理工程师的计量有异议，可在 14d 内以书面形式提出，再由监理工程师对承包人提出的质疑进行复核，并将复议后的结果通知承包人。

（2）承包人进行计量　由承包人对已完的工程进行计量，然后将计量的记录及有关资料报送监理工程师核实确认。

（3）监理工程师与承包人共同计量　在进行计量前，由监理工程师通知承包人计量的时间和工程部位，然后由承包人派人同监理工程师共同计量，计量后双方签字认可。如果承包人在收到监理工程师的计量通知后，不参加或未派人参加计量工作，根据通用条件的规定，由监理工程师派出人员单方面进行工程计量后，经监理工程师批准的计量应认为是正确的工程计量，可以用作支付的依据，承包人不能对计量提出异议。

上述三种计量方式各有不同的特点。由监理工程师独立计量程序较为复杂，工程计量的结果被最后确认时间较长，同时占用较多监理人员；采用由承包人进行计量的方式可以减少监理人员的工作量，但对计量的现场控制不如其他两种计量方式；采用由监理工程师与承包人共同计量，能当场解决分歧，减少争议，简化程序，节约时间，并较好地保证了计量结果的公正性和准确性。在我国的公路工程合同中，主要采用由监理工程师与承包人共同计量的方式。

2）现场计量的程序

对于签发中间交工证书的工程项目（或部位），首先由监理人员向承包人发出计量通知或审查承包人提出的计量申请，并做好有关计量的准备工作，包括计量部位的图纸和其他有关资料，以及计量时所需的仪器设备。采用由监理工程师与承包人共同计量的方式，一般由监理工程师与承包人委派的负责计量支付的人员组成计量小组，小组人员按通知的时间到现场进行计量，然后填写《中间计量表》，报送驻地监理工程师核对确认。

3)工程计量主要文件

(1)《中间计量表》;

(2)《工程分项开工申请批复单》;

(3)《检验申请批复单》及有关的自检资料;

(4)工程质量检验表及有关的质量评定意见;

(5)《工程变更令》;

(6)《中间交工证书》。

2. 高级驻地监理工程师对计量结果的审查

高级驻地监理工程师对驻地监理工程师的计量结果应进行全面审查,主要包括以下内容:

1)计量的工程质量是否达到合同标准

审查计量项目的质量,一方面审查承包人的试验方法、过程和结果,以及驻地监理工程师的试验情况,此外,还要由高级驻地试验室对一些工程项目进行复核试验。对审查过程中发现的未达到质量标准的项目,均需进行修补或返工,达到质量标准后再重新予以计量。

2)计量的过程是否符合合同条件

计量的过程包括计量简图、计算公式及最终计算结果。发现计量过程的错误,高级驻地监理工程师办公室可以直接修正,或通知驻地监理工程师进行修正。

经高级驻地监理工程师审查后的计量结果报送总监理工程师代表处审定。

3. 总监理工程师(代表)对工程计量项目的审定

总监理工程师办公室(代表处)设置了专门负责计量支付的工程师,对全线各合同的工程计量进行审定。在审定过程中,有权对计量的工程项目的质量进行抽验,抽验不合格的不予计量,对计量过程有错误的项目进行修正或不予计量。只有经总监理工程师(代表)审查批准的计量项目,才予以支付工程款项。

二、工程计量的管理

1. 计量形象图

所谓计量形象图,就是将工程量清单中的项目和费用用绘图的形式表示出来,并随着计量工作的进行,将已经计量的部分在图中显示出来。这样,一方面可以避免出现清单中一些项目的重复或漏计量的现象;另一方面,监理工程师可以根据计量形象图对工程计量进行宏观控制和管理。

公路工程的计量形象图一般可以分为总体形象图和单项工程形象图两种。

1)总体形象图

(1)平面形象图　平面形象图应在可以标注尺寸的平面图上绘制。为了清楚明了,纵、横坐标可以采用不同的比例,或采用示意的方式。平面形象图的内容应根据其工程量清单中的项目确定。如某高速公路项目的平面形象图包括以下内容:

①清理场地、移去表土及挖根的范围;

②取土坑、堆料场的位置及运输路线;

③涵洞、通道及桥梁平面位置及规模;

④结构物、线路变更位置与规模;

⑤植草皮的位置及范围；

⑥中央分隔带的铺砌；

⑦钢护栏的位置和范围；

⑧隔离栅及线外工程；

⑨软基处理的段落及方式；

⑩电话平台的位置和数量。

(2)纵面形象图　纵面形象图与平面形象图绘制在同一张图上，采用纵横不同的比例，把在平面形象图中无法显示的内容表示出来，与平面形象图构成一个整体，互为对应，相互补充，表示出各个进行计量的部位。某高速公路项目的纵面形象图包括以下内容：

①各段土方分层填筑情况；

②软基处理砂垫层厚度及塑板桩长度；

③涵洞、通道及桥梁位置；

④结构物变更位置；

⑤路面的底基层、基层、下面层、中面层及表面层的计量情况。

2)单项工程形象图

在总体形象图中，有些计量部位，特别是桥梁工程，无论是在平面形象图或在纵面形象图中都难以表示出来，因此，需要绘制单项工程形象图，作为总体形象图的补充。桥梁工程单项形象图可表示以下部位：

①灌注桩、承台、盖梁位置和数量；

②桥面板的位置和数量；

③桥面铺装及伸缩缝；

④栏杆。

2. 计量记录

计量记录与档案是计量管理中的一个重要内容。公路工程等大型的复杂项目，要进行多次计量，形成一系列的计量资料，只有在完善计量记录的基础上加强对计量的档案管理，才能使项目的计量工作顺利完成。

计量应根据合同的要求做好记录。符合要求的记录应能说明哪些已经计量，哪些尚未计量；哪些已经签发支付证书，哪些尚未签发支付证书。计量时监理工程师还应完成以下工作：

(1)应有一套图纸，用彩笔将所进行的工程的位置在图纸上标示出来，并在适当的位置作详细的补充说明，如工程的开始、结束及几何尺寸等数据。

(2)应有一套档案，包括计量证书的号码及数据。

(3)记录工程量清单中所列出的分类细目的数量与计量后数量的差异及双方同意的任何进度支付证书应付的款项。

(4)对计日工应记录在有号码的计量证书上，并有承包人代表和监理工程师代表共同签名。

3. 计量分析

为了做好计量的管理工作，除明确分工和加强计量记录与档案的管理外，还应加强计量分析，及时发现计量工作中的问题，掌握工程进度，为进度监理和费用支付提供基础。

为了便于计量的分析与管理，计量的表格应统一，使其标准化和规范化。监理工程师应设计好计量表格，让承包人和具体从事计量的人员按要求填写，以便于采用计算机辅助计量和进行计量分析。

计量分析时，应对照工程量清单和设计图纸进行分析，将实际工程量与清单工程量进行对比，发现偏差并分析偏差的原因；应以计量的工程量为依据，计算出实际进度，将实际进度与批准的计划进度比较，发现进度偏差并找出原因，从而采取相应措施。

● 第三节　工程计量方法和计量细则 ●

一、工程计量方法

根据技术规范、工程量清单和合同条款的有关规定，公路工程施工监理一般采用以下方法进行计量。

1. 断面法

断面法主要用于取土坑和路基土方的计量。对于填筑土方工程，一般规定计量的体积为原地面线与设计断面所构成的体积。采用这种方法计量，在开工前承包人需测绘出原地形断面，并需经监理工程师校核批准，作为计量的依据。

对于路堤土方工程，在施工前每 50m 测出一个地形断面，然后将路堤设计断面画在地形断面上，每次计量时测出完成的路堤顶高程，据此在断面图上计算完成的工程数量。为了减少计量的误差，每次计量时，可采用本次计量计算的断面面积减上次计量计算的断面面积的方法。

2. 图纸法

在工程量清单中，许多项目的工程数量按照设计图纸所示的尺寸进行计量。例如混凝土的体积、钢筋的长度、钻孔灌注桩的桩长等。

需指出的是，对于采用图纸法计量的项目，必须进行现场量测，检查结构物几何尺寸的偏差是否在技术规范允许的范围内，只有达到规范标准的项目或部位才予以计量。

3. 钻孔取样法

钻孔取样法主要用于道路面层结构的计量。根据技术规范有关条款规定，路面结构层的计量按平方米（m^2）计，但必须保证结构层的设计厚度，因此，采用钻孔取样法确定结构层的厚度。

4. 分项计量法

所谓分项计量法，就是将一个项目根据工序或部位分解为若干子项，对完成的各子项进行计量支付。子项计量支付的金额，根据估算的子项占总项的比例而定，但各子项合计的支付金额应等于项目规定的金额。这种计量方法主要是为了解决一些较大的工程项目或包干项目的支付时间过长，影响承包人的资金流动等问题。

5. 均摊法

所谓均摊法，就是对清单中某些项目的合同价款，按合同工期平均计量。它适用于临时道路、供电设施、电讯设施及供水与排污设施的修建与养护等清单项目。这些项目的特点是在合同工期内每月都有发生，因此可以采用均摊法。

6. 凭证法

所谓凭证法就是根据合同中要求承包人提供的票据进行计量支付。如建筑工程一切险和第三方责任险的保险费等，一般按凭证法进行计量支付。

7. 估价法

所谓估价法，就是按照合同文件的规定，根据监理工程师估算的已完成的工程价值支付。如为监理工程师提供办公和生活设施、车辆以及测量设备、天气记录设备、通信设备等项目。这类清单项目往往要购买几种仪器设备，当承包人对于某一项清单项目中规定购买的仪器设备不能一次购进时，则需采用估价法进行计量支付。其计算过程如下：

(1)按照市场的物价情况，对清单中规定购置的仪器设备分别进行估价；

(2)按下式计算支付金额：

$$F = A \times \frac{B}{D}$$

式中：F——计算支付的金额；

A——清单所列该项的合同金额；

B——该项实际完成的金额(按估算价格计算)；

D——该项全部仪器设备的总估算价格。

从上式可知：

①该项实际完成金额 B 必须按估算各种设备的价格计算，它与承包人购进的价格无关；

②估算的总价与合同工程量清单的款额无关。

当然，估价的款额与最终支付的款额无关，最终支付的款额总是合同清单中的款额。

二、计量细则

计量细则主要在技术规范的有关内容和工程量清单的前言中给予明确规定，在进行计量时必须遵守其要求，并且在不同的合同中，这些计量细则会有差别。下面将《公路工程国内招标文件范本》(2003 年版)的技术规范中各章的计量与支付条款摘出，以供参考。

1. 一般规定

1)一般要求

(1)本规范所有工程项目，除个别注明者外，均采用中国法定的计量单位，即国际单位及国际单位制导出的辅助单位进行计量。

(2)本规范的计量与支付，应与合同条款、工程量清单，以及图纸同时阅读，工程量清单中的支付项目号和本规范的章节编号是一致的。

(3)任何工程项目的计量，均应按本规范规定或监理工程师书面指示进行。

(4)按合同提供的材料数量和完成的工程数量所采用的测量与计算方法，应符合本规范的规定。所有这些方法，应经监理工程师批准或指令。承包人应提供一切计量设备和条件，并保证其设备精度符合要求。

(5)除非监理工程师另有准许，一切计量工作都应在监理工程师在场的情况下，由承包人测量、记录。有承包人签名的计量记录原本，应提交给监理工程师审查和保存。

(6)工程量应由承包人计算，由监理工程师审核。工程量计算的副本应提交给监理工程师并由监理工程师保存。

(7)全部必需的模板、脚手架、装备、机具、螺栓、垫圈和钢制件等其他材料,应包括在工程量清单中所列的有关支付项目中,均不单独计量。

(8)除监理工程师另有批准外,凡超过图纸所示的面积或体积,都不予计量与支付。

(9)承包人应严格做好计量基础工作和材料采购检验工作。沥青混凝土、沥青碎石、水泥混凝土、高强度水泥砂浆的施工现场必须使用电子计量设备称重。因不符合计量规定引发的质量问题,所发生的费用由承包人承担。

(10)如本规范规定的任何分项工程或其细目未在工程量清单中出现,则应被认为是其他相关工程的附属工作,不再另行计量。

2)质量

(1)凡以质量计量或以质量作为配合比设计的材料,都应在精确与批准的磅秤上,由称职合格的人员在监理工程师指定或批准的地点进行称重。

(2)称重计量时应满足以下条件:监理工程师在场;有称重记录;载有包装材料、支撑装置、垫块、捆束物等质量的说明书在称重前提交给监理工程师作为称重的依据。

(3)钢筋、钢板或型钢计量时,应按图纸或其他资料标示的尺寸和净长计算。搭接、接头套筒、焊接材料、下脚料和定位架立钢筋等,则不予计量。钢筋、钢板或型钢应以千克计量,四舍五入,不计小数。钢筋、钢板或型钢由于理论单位质量与实际单位质量的差异而引起材料质量与数量不相匹配的情况,计量时不予考虑。

(4)金属材料的质量不得包括施工需要加放或使用的灰浆、楔块、填缝料、垫衬物、油料、接缝料、焊条、涂敷料等的质量。

(5)承运按质量计量的材料的货车,应每天在监理工程师指定的时间和地点称出空车质量,每辆货车还应标示清晰易辨的标记。

(6)对有规定标准的项目,如钢筋、金属线、钢板、型钢、管材等,均有规定的规格、质量、截面尺寸等指标,这类指标应视为通常的质量或尺寸。除非引用规范中的允许偏差值加以控制,否则可用制造商列示的允许偏差值。

3)面积

除非另有规定,计算面积时,其长、宽应按图纸所示尺寸线或按监理工程师指示计量。对于面积在 $1\ m^2$ 以下的固定物(如检查井等)不予扣除。

4)结构物

(1)结构物应按图纸所示净尺寸线,或根据监理工程师指示修改的尺寸线计量。

(2)水泥混凝土的计量应按监理工程师认可的已完工程结构物的净尺寸计算,钢筋的体积不扣除,倒角不超过 $0.15m \times 0.15m$ 时不扣除,体积不超过 $0.03m^3$ 的开孔及开口不扣除,面积不超过 $0.15m \times 0.15m$ 的填角部分也不增加。

(3)所有以延米计量的结构物(如管涵等),除非图纸另有标示,应按平行于该结构物位置的基面或基础的中心方向计量。

5)土方

(1)土方体积可采用平均断面积法计算,但与似棱体公式(prismoidal formula)计算结果比较,如果误差超过 ±5% 时,监理工程师可指示采用似棱体公式。

(2)各种不同类别的挖方与填方计量，应以图纸所示界线为限，而且应在批准的横断面图上标明。

(3)用于填方的土方量，应按压实后的纵断面高程和路床面为准来计量。承包人报价时，应考虑在挖方或运输过程中引起的体积差。

(4)在现场钉桩后56d内，承包人应将设计和进场复测的土方横断面图连同土方的面积与体积计算表，一并提交监理工程师批准。所有横断面图，都应标有图题框，其大小由监理工程师指定。一旦横断面图得到最后批准，承包人应交给监理工程师原版图及三份复制图。

6)运输车辆体积

(1)用体积计量的材料，应以经监理工程师批准的车辆装运，并在运到地点进行计量。

(2)用于体积运输的车辆，其车厢的形状和尺寸应使其容量能够容易而准确地测定并应保证精确度。每辆车都应有明显标记。每车所运材料的体积应于事前由监理工程师与承包人相互达成书面协议。

(3)所有车辆都应装载成水平容积高度，车辆到达送货点时，监理工程师可以要求将其装载物重新整平，对超过定量运送的材料将不予支付。运量达不到定量的车辆，应被拒绝或按监理工程师确定减少的体积接收。根据监理工程师的指示，承包人应在货物交付点，随机将一车材料刮平，在刮平后如发现货车运送的材料少于定量时，从前一车起所有运到的材料的计量都按同样比率减为目前的车载量。

7)质量与体积换算

(1)如承包人提出要求并得到监理工程师的书面批准，已规定要用立方米(m^3)计量的材料可以称重，并将此质量换算为立方米(m^3)计量。

(2)从质量计量换算为体积计量的换算系数应由监理工程师确定，并应在此种计量方法使用之前征得承包人的同意。

8)沥青和水泥

(1)沥青和水泥应以千克(kg)计量。

(2)如用卡车或其他运输工具装运沥青材料，可以按经过检定的质量或体积计算沥青材料的数量，但要对漏失或泡沫进行校正。

(3)水泥可以袋作为计量的依据，但一袋的标准应为50kg。散装水泥应称重计量。

9)成套的结构单元

如规定的计量单位是一成套的结构物或结构单元(实际上就是按“总额”或称“一次支付”计的工程细目)，该单元应包括了所有必需的设备、配件和附属物及相关作业。

10)标准制品项目

(1)如规定采用标准制品(如护栏、钢丝、钢板、轧制型材、管子等)，而这类项目又是以标准规格(单位重、截面尺寸等)标示的，则这种标示可以作为计量的标准。

(2)除非采用标准制品的允许误差比规范要求的允许误差更严格，否则，生产厂确定的制造允许误差将不予认可。

2. 各章的计量细则

1)第100章总则的计量

(1)通则：

属履行本节中各项要求的,除“税金和保险”小节按下述规定办理外,其他不另单独计量与支付。

①承包人按合同条款办理的工程一切险和第三方责任保险,按总额计量。

②承包人应缴纳的所有税金(包括营业税、城市建设维护税和教育附加税)和他雇佣的所有人员的安全事故保险费、施工设备保险费,由承包人摊入各相关工程细目的单价和费率之中,不单独计量。

(2)工程管理:

①“工程记录与竣工文件”小节的工作内容及与此有关的一切作业经监理工程师审查批准后,以总额计量。

②“环境保护”小节的工作内容包括施工场地砂石化、控制扬尘、降低噪声、合理排污等一切与此有关的作业经监理工程师检查验收后以总额计量。

(3)临时工程与设施:

①临时道路、供电设施、电讯设施及供水与排污设施的修建、维修及拆除等临时工程,根据施工过程中已完成的经监理工程师现场验收合格分别以总额计量。

②临时工程用地经监理工程师批准,以平方米(m^2)计量。

③为完成上述各项设施所需的一切材料、机械设备、人员及与此有关的一切作业均不另行计量。

(4)承包人驻地建设:

驻地建设完成后,经监理工程师现场核实,以总额计量。

2)第200章路基的计量

(1)通则:

本节工作内容均不作计量与支付,其所涉及的费用应包括在与其相关工程细目的单价或费率之中。

(2)场地清理:

①施工场地清理的计量应按监理工程师书面指定的范围(路基范围以外临时工程用地清理等除外),进行验收后现场实地测量,按投影平面面积以平方米(m^2)计量。现场清理包括路基范围内的所有垃圾、灌木、竹林及胸径小于150mm的树木、石头、废料、表土(腐殖土)、草皮的铲除与开挖。借土场的场地清理与拆除(包括临时工程)均应列入土方单价之内,不另行计量。

②砍伐树木仅计及胸径(即离地面1.3m高处的直径)大于150mm的树木,以棵计量。包括砍伐后的截锯、移运(移至监理工程师指定的地点)、堆放等一切有关作业;挖除树根以棵计量,包括挖除、移运、堆放等一切有关作业。

③挖除旧路面应按各种不同结构类型的路面分别以平方米(m^2)计量;拆除原有公路结构物应分别按结构物的类型,用监理工程师现场指示范围和量测方法量测,以立方米(m^3)计量。

④所有场地清理、拆除与挖掘工作的一切挖方、回填、压实,以及适用材料的移运、堆放和废料的移运处理等作业均不另行计量。

(3)挖方路基:

①路基土石方开挖数量包括边沟、排水沟、截水沟,应以经监理工程师校核批准的横断面

地面线和土石分界的补充测量为基础，按路线中线长度乘以经监理工程师核准的横断面面积进行计算，以立方米（m^3）计量。

②挖除路基范围内非适用材料（不包括借土场）的数量，应以经承包人测量，并经监理工程师审核批准的断面或实际范围为依据的计算数量为准，以立方米（m^3）计量。

③除非监理工程师另有指示，凡超过图纸或监理工程师规定尺寸的开挖，均不予计量。

④石方爆破安全措施、弃方的运输和堆放、质量检验、临时道路和临时排水等均不另计量，作为承包人应做的附属工作。

⑤在挖方路基的路床顶面以下，土方断面挖松深 300mm 再压实；石方断面应辅以人工凿平或填平压实，作为承包人应做的附属工作，均不予计量。

⑥改河、改渠、改路的开挖工程按合同图纸施工，计量方法可按上述①款进行。改路挖方线外工程的工作量计入“路基挖方”项内。

（4）填方路基：

①填筑路堤的土石方数量，应以承包人的施工测量和补充测量经监理工程师校核批准的横断面地面线为基础，以监理工程师批准的横断面图为依据，由承包人按不同来源（包括利用土方、利用石方和借方等）分别计算，经监理工程师校核认可的工程数量作为计量的工程数量。

②零填挖路段的翻松、压实不另计量。

③零填挖路段的换填土，按压实的体积，以立方米（m^3）计量。计价中包括表面不良土的翻挖、运弃（不计运距）、换填好土的挖运、摊平、压实等一切与此有关作业的费用。

④利用土、石填方及土石混合填料的填方，按压实的体积，以立方米（m^3）计量。计价中包括运输、挖台阶、摊平、压实、整型等一切与此有关作业的费用。其开挖作业在路基挖方中计量。

⑤借土填方，按压实的体积，以立方米（m^3）计量。计价中包括借土场（取土坑）中非适用材料的挖除、弃运及借土场的资源使用费、场地清理、地貌恢复、施工便道、便桥的修建与养护、临时排水与防护等和填方材料的开挖、运输、挖台阶、摊平、压实、整型等一切与此有关作业的费用。

⑥粉煤灰路堤按压实体积，以立方米（m^3）计量，计价中包括材料铲运、摊铺、晾晒、土质护坡、压实、整型等一切与此有关的作业费用。

⑦结构物台背回填按压实体积，以立方米（m^3）计量，计价中包括挖运、摊平、压实、整型等一切与此有关的作业费用。

⑧临时排水以及超出图纸要求以外的超填，均不计量。

⑨改造其他公路的路基土方填筑的计量方法同①款。

（5）特殊地区路基处理：

本节所完成的工程，经验收后，由承包人计算并经监理工程师校核的数量作为计量的工程数量。

①挖除换填作业，挖除原路基一定深度及范围内淤泥以立方米（m^3）计量；列入本规范“路基挖方”相应的支付细目中。

换填的填方，包括由于施工过程中地面下沉而增加的填方量以立方米（m^3）计量；列入本规范“填方路基”相应的支付细目中。

②抛石挤淤按图纸或验收的尺寸计算抛石体积的片石数量，以立方米(m^3)计量，包括有关的一切作业。

③砂垫层、砂砾垫层及灰土垫层按垫层类型分别以立方米(m^3)计量，包括材料、机械及有关的一切作业。

④预压和超载预压按图纸或监理工程师要求的预压宽度和高度以立方米(m^3)计量，包括材料、机械及有关的一切作业。

⑤袋装砂井按不同直径及深(长)度分别以米(m)计量。砂及砂袋不单独计量。

⑥塑料排水板按规格及深(长)度分别以米(m)计量，不计伸入垫层内长度。包括材料、机械及有关的一切作业。

⑦粉喷桩、碎石桩、砂桩按不同直径及深(长)度以米(m)计量，包括材料、机械及有关的一切作业。

⑧土工织物，按其铺设土工织物净面积以平方米(m^2)计量，包括材料、机械及与此有关的一切作业。

⑨滑坡处理，按实际发生挖除及回填体积，经监理工程师验收合格后以立方米(m^3)计量；岩溶洞按实际填筑体积，经监理工程师验收合格后以立方米(m^3)计量；膨胀土路基按图纸及监理工程师指示进行铺筑，经监理工程师验收合格，按不同厚度以平方米(m^2)计量；黄土陷穴按实际开挖和回填体积，经监理工程师验收合格后以立方米(m^3)计量；湿陷性黄土采用强夯处理，经监理工程师验收合格后以平方米(m^2)计量；盐渍土路基处理换填，经监理工程师验收合格后按不同厚度以平方米(m^2)计量。

⑩工地沉降观测不予计量与支付，作为承包人应做的工作；临时排水与防护设施不另行计量，认为已包括在相关工程中。

(6)路基整修：

本节工作内容均不作计量与支付，其所涉及的费用应包括在与其相关工程细目的单价或费率之中。

(7)坡面排水：

①边沟、排水沟、截水沟的加固采用浆砌片石铺砌，按图纸施工经验收合格的实际长度以米(m)计量，由于边沟、排水沟、截水沟加固铺砌而需扩挖部分的开挖，均作为承包人应做的附属工作，不另计量与支付。有钢筋混凝土盖板的边沟长度亦以米(m)计量。

②急流槽按图纸施工，经验收合格的断面尺寸计算体积(包括消力池、消力槛、抗滑台等附属设施)，以立方米(m^3)计量。

③路基盲沟按图纸施工，经验收合格的断面尺寸及所用材料，按长度以米(m)计量。

④所用砂砾垫层或基础材料、填缝材料、钢筋以及地基平整夯实及回填等均不另行计量与支付。

(8)护坡、护面墙：

①浆砌片石护坡、护面墙等工程的计量，应以图纸所示和监理工程师的指示为依据，按实际完成并经验收的数量按不同工程细目的不同砂浆砌体分别以立方米(m^3)计量。砂砾或碎石垫层按完成数量以立方米(m^3)计量。

②预制空心砖和拱形及方格骨架护坡，按其铺筑的实际面积数量以平方米(m^2)计量。

③种草及铺草皮，应以图纸所示面积为依据，按实际完成并经验收的数量以平方米(m^2)计量。

④嵌缝材料、砂浆勾缝、泄水孔及其滤水层以及基础的开挖和回填等有关作业，均作为承包人应做的附属工作，不另行计量与支付。

(9)挡土墙：

①浆砌片(块)石和混凝土挡土墙工程应以图纸所示或监理工程师的指示为依据，按实际完成并经验收的数量，按砂浆强度等级及混凝土强度等级分别以立方米(m^3)计量。砂砾或碎石垫层按完成数量以立方米(m^3)计量。

②混凝土挡土墙的钢筋，按图纸所示经监理工程师验收后，以千克(kg)计量。

③嵌缝材料、砂浆勾缝、泄水孔及其滤水层，混凝土工程的脚手架、模板、浇筑和养生、表面修整，基础开挖、运输与回填等有关作业，均作为承包人应做的附属工作，不另行计量与支付。

(10)锚杆挡土墙：

①锚杆挡土墙工程计量应以图纸所示和监理工程师的指示为依据，按实际完成并经验收的数量，混凝土挡板和立柱以立方米(m^3)为单位计量，钢筋及锚杆以千克(kg)为单位计量。

②锚孔的钻孔、锚杆的制作和安装、锚孔灌浆、钢筋混凝土立柱和挡土板的制作安装、墙背回填、防排水设置及锚杆的抗拔力试验等，均为完成锚杆挡土墙所必须的工作，不另行计量。

(11)加筋土挡土墙：

①加筋土挡墙的墙面板、钢筋混凝土带、混凝土基础以及混凝土帽石，经监理工程师验收合格，以立方米(m^3)计量。浆砌片石基础以立方米(m^3)计量。

②铺设聚丙烯土工带，按图纸及验收数量以千克(kg)计量。

③基坑开挖与回填、墙顶抹平层、沉降缝的填塞、泄水管的设置及钢筋混凝土带的钢筋等，均作为承包人的附属工作，不另计量。

④加筋土挡墙的路堤填料按图纸的规定和要求，在本规范“填方路基”中计量。

(12)喷射混凝土和喷浆边坡防护：

①锚杆按图纸或以监理工程师指示为依据，经验收合格的实际数量，以米(m)为单位计量。

②喷射混凝土和喷射水泥砂浆边坡防护的计量，应以图纸所示和监理工程师的指示为依据，按实际完成并经验收的数量，以平方米(m^2)计量；钢筋网、铁丝网以千克(kg)计量；土工格栅以平方米(m^2)计量。

③喷射前的岩面清理，锚孔钻孔，锚杆制作以及钢筋网和铁丝网编织及挂网土工格栅的安装铺设等工作，均为承包人为完成锚杆喷射混凝土和喷射砂浆边坡防护工程应做的附属工作，不另行计量与支付。

(13)预应力锚索边坡防护：

①预应力锚索长度按图纸要求，经监理工程师验收合格以米(m)为单位计量。

②混凝土锚固板按图纸要求，经监理工程师验收合格以立方米(m^3)为单位计量。

③钻孔、清孔、锚索安装、注浆、张拉、锚头、锚索护套、场地清理以及抗拔力试验等均为锚索的附属工作，不另行计量。

④混凝土的立模、浇筑、养生等为锚固板的附属工作，不另行计量。

(14)抗滑桩：

①抗滑桩以图纸规定尺寸及深度为依据，按现场实际完成并验收合格的实际桩长以米(m)计量，设置支撑和护壁、挖孔、清孔、通风、钎探、排水及浇筑混凝土以及无破损检验，均作为抗滑桩的附属工程，不另行计量。

②抗滑桩用钢筋按图纸规定及经监理工程师验收的实际数量，以千克(kg)计量。

(15)河道防护：

①河床铺砌、顺坝、丁坝、调水坝及锥坡砌筑等工程及抛石防护，应分别按图纸尺寸和监理工程师的指示，按实际完成并经验收的数量，以立方米(m^3)计量。砂砾(碎石)垫层以立方米(m^3)计量。

②砌体的基础开挖、回填、夯实、砌体勾缝等工作，均作为承包人应做的附属工作，不另行计量与支付。

3)第300章路面的计量

(1)通则：

本节工作内容均不作计量与支付，其所涉及的费用应包括在与其相关工程细目的单价或费率之中。

(2)底基层、基层、垫层：

①应按图纸和监理工程师指示铺筑，经监理工程师验收合格的面积，按不同厚度以平方米(m^2)计量。

②对个别特殊形状的面积，应采用适当计算方法计量，并经监理工程师批准以平方米(m^2)计量。除监理工程师另有指示外，超过图纸所规定的面积，均不予计量。

(3)透层、黏层和封层：

①透层、黏层和封层，按图纸规定的或监理工程师指示的喷洒面积，经监理工程师验收合格，以平方米(m^2)计量。

②对个别特殊形状的面积，应采用适当的计算方法计量。除监理工程师另有指示外，超过图纸规定的计算面积均不予计量。

(4)热拌沥青混合料面层：

热铺沥青混凝土，应按图纸所示或监理工程师指示的铺筑面积，经监理工程师验收合格，按粗、中、细粒式沥青混凝土和不同厚度分别以平方米(m^2)计量。除监理工程师另有指示外，超过图纸所规定的面积均不予计量。

(5)沥青表面处治：

①沥青表面处治按图纸所示或监理工程师指示铺筑，经监理工程师验收合格，按不同厚度分别以平方米(m^2)计量。

②表面处治所洒布的透层、黏层或封层，作为表面处治的附属工作，除监理工程师另有指示外，超过图纸规定的面积不予计量。

(6)改性沥青及改性沥青混合料：

改性沥青混合料按图纸要求及监理工程师指示按不同厚度及实际摊铺面积以平方米(m^2)计量。

(7)水泥混凝土面板:

①水泥混凝土面板按图纸和监理工程师指示铺筑的面积,经监理工程师验收合格,按不同厚度以平方米(m^2)计量。除监理工程师另有指示外,任何超过图纸所规定的尺寸的计算面积,均不予计量。

②所用的拉杆、传力杆、接缝材料和所需的补强钢筋等,不单独计量与支付。

(8)培土路肩、中央分隔带回填土、土路肩加固及路缘石:

①培土路肩及中央分隔带回填土按压实后并经验收的工程数量分别以立方米(m^3)为单位计量。

②水泥混凝土加固土路肩经验收合格后,沿路肩表面量测其长度以延米(m)为单位计量,加固土路肩的混凝土立模、摊铺、振捣、养生、拆模、预制块预制铺砌、接缝材料等及其他有关加固土路肩的杂项工作均属承包人的附属工作,均不另行计量。

③路缘石按图纸所示的长度进行现场量测,经验收合格以延米(m)为单位计量。埋设缘石的基槽开挖与回填、夯实等有关杂项工作均属承包人的附属工作,均不另行计量。

(9)路面及中央分隔带排水:

①中央分隔带处设置的排水设施,按图纸施工,经监理工程师验收合格的实际工程数量分别按下列项目计量:

a. 排水管按不同材料、不同直径分别以米(m)计量。

b. 纵向雨水沟(管)按长度以米(m)计量。

c. 集水井按不同尺寸以座计量。

d. 渗沟按不同截面尺寸以延米(m)计量。

e. 防水沥青油毡以平方米(m^2)计量。

②路肩排水沟,经监理工程师验收合格的实际工程数量,分别按下列项目计量:

a. 混凝土路肩排水沟按长度以米(m)计量。

b. 路肩排水沟砂砾垫层(路基填筑中已计量者除外)按立方米(m^3)计量。

c. 土工布以平方米(m^2)计量。

③排水管基础、胶泥隔水层及出水口预制混凝土垫块等不另计量,包含在排水管单价中。

④渗沟上的土工布不另计量,包含在渗沟单价中。

⑤拦水带按长度以米(m)计量。

4)第400章桥梁、涵洞的计量

(1)通则:

①荷载试验费用由业主估定,以暂定工程量的形式按总额计入工程总价内。

②地质钻探及取样试验按实际完成并经监理工程师验收后,分不同钻径以米(m)计量。

③本节的其他工程细目,均不计量。

(2)模板、拱架和支架:

本节工作为有关工程的附属工作,不作计量与支付。

(3)钢筋:

①根据图纸所示及钢筋表所列,按实际安设并经监理工程师验收的钢筋以千克(kg)计量。其内容包括钢筋混凝土中的钢筋和预应力混凝土中的非预应力钢筋及混凝土桥面铺装中

的钢筋。

②除图纸所示或监理工程师另有认可外，因搭接而增加的钢筋不予计入。钢筋及钢筋骨架用的铁丝、钢板、套筒(连接套)、焊接、钢筋垫块或其他固定钢筋的材料，以及钢筋的防锈、截取、套丝、弯曲、场内运输、安装等，作为钢筋工程的附属工作，不另行计量。

(4)基础挖方及回填：

①基础挖方应按下述规定，取用底、顶面间平均高度的棱柱体体积，分别按干处、水下及土、石，以立方米(m^3)计量。干处挖方与水下挖方是以经监理工程师认可的施工期间实测的地下水位为界线，在地下水位以上开挖的为干处挖方，在地下水位以下开挖的为水下挖方。

基础底面、顶面及侧面的确定应符合下列规定：

a. 基础挖方底面：按图纸所示或监理工程师批准的基础(包括地基处理部分)的基底高程线计算。

b. 基础挖方顶面：按监理工程师批准的横断面上所标示的原地面线计算。

c. 基础挖方侧面：按顶面到底面，以超出基底周边 0.5m 的竖直面为界。

②当承包人遇到特殊或非常规情况时，应及时通知监理工程师，由监理工程师定出特殊的基础挖方界线。凡未取得监理工程师批准，承包人以特殊情况为理由而完成的任何挖方将不予计量，其基坑超深开挖，应由承包人用砂砾或监理工程师批准的回填材料予以回填压实。

③为完成基础挖方所做的地面排水及围堰、基坑支撑及抽水、基坑回填与压实、错台开挖及斜坡开挖等，作为挖基工程的附属工作，不另行计量。

④台后路基填筑及锥坡填土在“填方路基”内计量与支付。

⑤基坑土的运输作为挖基工程的附属工作，不另行计量与支付。

(5)钻孔灌注桩：

①钻孔灌注桩以实际完成并经监理工程师验收后的数量，按不同桩径的桩长以米(m)计量。计量应自图纸所示或监理工程师批准的桩底标高至承台底或系梁底；对于与桩连为一体的柱式墩台，如无承台或系梁时，则以桩位处地面线为分界线，地面线以下部分为灌注桩桩长，若图纸有标识的，按图纸标识计。未经监理工程师批准，由于超钻而深于所需的桩长部分，将不予计量。

②开挖、钻孔、清孔、钻孔泥浆、护筒、混凝土、破桩头，以及必要时在水中填土筑岛、搭设工作台架及浮箱平台、栈桥等其他为完成工程的细目，作为钻孔灌注桩的附属工作，不另行计量。混凝土桩无破损检测及所预埋的钢管等材料，均作为混凝土桩的附属工作，不另行计量。

③钢筋在“钢筋”节内计量。

④监理工程师要求钻取的芯样，经检验，如混凝土质量合格，钻取的芯样应予计量，否则不予计量。混凝土取芯按取回的混凝土芯样的长度以米(m)计量。

(6)沉桩：

①钢筋混凝土或预应力混凝土沉桩以实际完成并经监理工程师验收后的数量，按不同桩径的桩身长度以米(m)计量。桩身长度的计量应自图纸所示或监理工程师批准的桩尖标高至承台底或盖梁底。未经监理工程师批准，沉入深度超过图纸规定的桩长部分，将不予计量与支付。

②为完成沉桩工程而进行的钢筋混凝土桩浇筑预制、养生、移运、沉入、桩头处理等一切有关作业，均为沉桩工程所包括的工作内容，不另计量与支付。

③试桩如系工程用桩，则该试桩按不同桩径分别列入支付细目中的的钢筋混凝土沉桩细目内；如果试桩不作为工程用桩，则应按不同桩径以米(m)为单位计量，列入支付细目中的试桩细目内。

④沉桩的无破损检验作为沉桩工程的附属工作，不另行计量。

⑤钢筋混凝土或预应力混凝土沉桩(包括试桩)所用钢筋在"钢筋"节内计量，其余钢板及材料加工等均含在钢筋混凝土沉桩工程细目中，不另行计量与支付。

⑥制造预应力混凝土沉桩用预应力钢材在"预应力混凝土工程"节内计量。制造预应力混凝土沉桩用法兰盘及其他钢材，除按上述规定在"钢筋"及"预应力混凝土工程"节计量外的所有钢材均含入预应力沉桩工程细目中，不另行计量与支付。

⑦试桩的试验机具的提供、运输、安装、拆卸以及试验数据的分析和提供试验报告等均系该试桩的附属工作，不另行计量与支付。

(7)挖孔灌注桩：

①挖孔灌注桩以实际完成并经监理工程师验收后的数量，按不同桩径的桩长以米(m)计量。计量应自图纸所示或监理工程师批准的从桩底标高至承台底或系梁底；如无承台或系梁时，则从桩底至图纸所示的桩顶；当图纸未示出桩顶位置，或示有桩顶位置但桩位处预先有夯填土时，由监理工程师根据情况确定。监理工程师认为由于超挖而深于所需的桩长部分，将不予计量。

②设置支撑和护壁、挖孔、清孔、通风、钎探、排水、混凝土、每桩的无破损检验以及其他为完成此项工程进行的项目，均为挖孔灌注桩的附属工作，不另行计量。

③钢筋在"钢筋"节内计量。

④监理工程师要求钻取的混凝土芯样检验，经钻取检验后，如混凝土质量合格，钻取的芯样应予计量，否则不予计量。钻取芯样长度按取回的芯样以米(m)计量。

(8)桩的垂直静荷载试验：

①试桩不论是检验荷载或破坏荷载，均以经监理工程师验收或认可的单根试桩计量。计量包括压载、沉降观测、卸载、回弹观测、数据分析，以及为完成此项试验的其他工作细目。

②检验荷载试验桩如试验后作为工程结构的一部分，其工程量在钻孔或挖孔灌注桩有关支付细目内计量与支付。破坏荷载试验用的试桩，将来不作为工程结构的一部分，其工程量在"钻孔灌注桩"节内计量与支付。

(9)沉井：

①沉井制作完成，符合图纸规定要求，经监理工程师验收后，混凝土及钢筋按以下规定计量：

a. 沉井的混凝土，按就位后沉井顶面以下各不同部位(井壁、顶板、封底、填芯)和不同混凝土级别的体积以立方米(m^3)为单位计量。

b. 沉井所用钢筋，列入"钢筋"节基础钢筋支付细目内计量。

②沉井制作及下沉奠基，其中包括场地准备，围堰筑岛，模板、支撑的制作安装与拆除，沉井浇筑、接高，沉井下沉，空气幕助沉，井内挖土，基底处理等工作，均应视为完成沉井工程所必需的工作，不另行计量。

③沉井刃脚所用钢材，视作沉井的附属工程材料，不另行计量。

(10)结构混凝土工程:

①以图纸所示或监理工程师指示为依据,对现场已完工并经验收的混凝土,分别以不同结构类型及强度等级,以立方米(m^3)计量。

②直径小于200mm的管子、钢筋、锚固件、管道、泄水孔或桩所占混凝土体积不予扣除。作为砌体砂浆的小石子混凝土,不另行计量。

③桥面铺装混凝土在“桥面铺装”节内计量与支付;结构钢筋在“钢筋”节内计量。

④为完成结构物所用的施工缝连接钢筋、预制构件的预埋钢板、防护角钢或钢板、脚手架或支架及模板、排水设施、防水处理、基础底碎石垫层、混凝土养生、混凝土表面修整及为完成结构物的其他杂项细目,以及混凝土预制构件的安装架设设备拼装、移运、拆除和为安装所需的临时性或永久性的固定扣件、钢板、焊接、螺栓等,均作为各项相应混凝土工程的附属工作,不另行计量。

(11)预应力混凝土工程:

①预应力混凝土结构物(包括现浇和预制预应力混凝土)按图纸尺寸或监理工程师指示为依据,按已完工并经验收合格的结构体积,以立方米(m^3)计量。计量中包括悬臂浇筑、支架浇筑及预制安装预应力混凝土梁、板的一切作业。

②完工并经验收的预应力混凝土结构的预应力钢材,按图纸所示或预应力钢材表所列数量以千克(kg)计量。后张法预应力钢材的长度按两端锚具间的理论长度计算;先张法预应力钢材的长度按构件的长度计算。

③预应力混凝土结构的非预应力钢筋,在“钢筋”节计量与支付。

④预应力钢材的加工、锚具、管道、锚板及联结钢板、焊接、张拉、压浆、封锚等,作为预应力钢材的附属工作,不另行计量。预应力锚具包括锚圈、夹片、连接器、螺栓、垫板、喇叭管、螺旋钢筋等整套部件。

⑤预制板、梁的整体化现浇混凝土及其钢筋,分别在“结构混凝土工程”节及“钢筋”节计量。

⑥桥面铺装混凝土在“桥面铺装”节计量。

(12)预制构件的安装:

经验收的不同形式预制构件的安装,包括构件安装所需的临时性或永久性的固定扣件、钢板、焊接、螺栓等,其工作量包含在“结构混凝土工程”节及“预应力混凝土工程”节相应预制混凝土构件或预应力混凝土构件的工程细目中,不另行计量与支付。

(13)砌石工程:

①以图纸所示或监理工程师指示为依据,按工地完成的并经验收的各种石砌体或预制混凝土块砌体,以立方米(m^3)计量。

②计算体积时,所用尺寸应由图纸所标明或监理工程师书面规定的计价线或计价体积定之。相邻不同石砌体计量中,应各包括不同石砌体间灰缝体积的一半。镶面石突出部分超过外廓线者不予计量。泄水孔、排水管或其他面积小于0.02m^2的孔眼不予扣除,削角或其他装饰的切削,其数量为所用石料的5%或少于5%者,不予扣除。

③砂浆或作为砂浆的小石子混凝土,作为砌体工程的附属工作,不另计量。

④砌体的垫铺材料的提供和设置,拱架、支架及砌体的勾缝,作为砌体工程的附属工作,不

另计量。

(14)小型钢构件：

桥梁及其他公路构造物的钢构件，作为有关细目的附属工作，不另计量与支付。

(15)桥面铺装：

①桥面铺装应按图纸所示的尺寸，或按实际完成并经监理工程师验收的数量，分不同材料及级别，按平方米(m^2)计量。由于施工原因而超铺的桥面铺装，不予计量。

②桥面防水层按图纸要求施工，并经监理工程师验收的实际数量，以平方米(m^2)计量。

③桥面泄水管及混凝土桥面铺装接缝等作为桥面铺装的附属工作，不另行计量。

④桥面铺装钢筋在“钢筋”节有关工程细目中计量，本节不另行计量。

(16)桥梁支座：

支座按图纸所示不同的类型，包括支座的提供和安装，以个计量。支座的清洗、运输、起吊及安装支座所需的扣件、钢板、焊接、螺栓、黏结等，作为支座安装的附属工作，不另行计量。

(17)桥梁接缝和伸缩装置：

桥面伸缩装置按图纸要求安装并经监理工程师验收的数量，分不同结构形式以米(m)计量。其内容包括伸缩装置的提供和安装等作业。

除伸缩装置外的其他接缝，如橡胶止水片、沥青类接缝填料等，作为有关工程的附属工作，不另行计量。

安装时切割和清除伸缩装置范围内沥青混凝土铺装和安装伸缩装置所需的临时或永久性的扣件、钢板、钢筋、焊接、螺栓、黏结等，作为伸缩装置安装的附属工作，不另行计量。

(18)防水装置：

沥青或油毛毡防水层，作为与其有关项目的附属工作，不另计量与支付。

(19)圆管涵与倒虹吸管：

①钢筋混凝土圆管涵或倒虹吸管，以图纸规定的洞身长度或监理工程师同意的现场沿涵洞中心线量测的进出洞口之间的洞身长度，分不同孔径及孔数，经监理工程师检查验收后以米(m)计量。管节所用钢筋，不另计量。

②图纸中标明的基底垫层和基座，圆管的接缝材料、沉降缝的填缝与防水材料等，洞口建筑，包括八字墙、一字墙、帽石、锥坡、铺砌、跌水井以及基础挖方及运输、地基处理与回填等，均作为承包人应做的附属工作，不另计量与支付。

③洞口(包括倒虹吸管)建筑以外涵洞上下游沟渠的改沟、铺砌、加固以及急流槽消力坎的建造等均列入路基坡面排水节相应细目内计量。

(20)盖板涵、箱涵、拱涵：

①钢筋混凝土盖板涵(含梯坎涵、通道)、钢筋混凝土箱涵(含通道)应以图纸规定的洞身长度或经监理工程师同意的现场沿涵洞中心线测量的进出口之间的洞身长度，经验收合格后按不同孔径以米(m)计量，盖板涵、箱涵所用钢筋不另计量。

②所有垫层和基础、洞口建筑，包括八字墙、一字墙、帽石、锥坡、跌水井、洞口及洞身铺砌以及基础挖方、地基处理、回填土等作为承包人应做的附属工作，均不单独计量。

③通道范围(含端墙外各20m)内的土方、路面工程及锥坡填筑均作为通道的附属工作，不单独计量。

④洞口建筑以外涵洞上下游沟渠的改沟、铺砌、加固以及急流槽等可列入路基坡面排水节有关细目计量。

5)第500章隧道的计量

(1)通则:

①本节所有准备工作和施工中应采取的措施,均为以后各节工程的附属工作,不作单独计量与支付。

②图纸中列出的工程及材料数量,在各节工程支付细目表中凡未被列出的,其费用应认为均含在与其相关的工程项目单价中,不再另予计量与支付。

(2)洞口与明洞工程:

①各项工程应按图纸所示和监理工程师指示为依据,按照实际完成并经验收的工程数量,进行计量。

②洞口路堑等开挖与明洞洞顶回填的土石方,不分土、石的种类,只区分为土方和石方,以立方米(m^3)计量。

③弃方运距在图纸规定的弃土场内为免费运距,弃土超出规定弃土场的距离时(比如图纸规定的弃土场地不足要另外增加弃土场,或经监理工程师同意变更的弃土场),其超出部分另计超运距运费,按立方米·公里($m^3 \cdot km$)计量。若未经监理工程师同意,承包人自选弃土场时,则弃土运距不论远近,均为免费运距。

④隧道洞门的端墙、翼墙、明洞衬砌及遮光栅(板)的混凝土(钢筋混凝土)或石砌圬工,以立方米(m^3)计量。钢筋(锚杆)以千克(kg)计量。

⑤截水沟(包括洞顶及端墙后截水沟)圬工以立方米(m^3)计量。

⑥防水材料(无纺布)铺设完毕经验收以平方米(m^2)计量,与相邻防水材料搭接部分不另计量。

⑦洞口坡面防护工程,按不同圬工类型分别汇总以立方米(m^3)计量。种植草皮以平方米(m^2)计量。

⑧截水沟的土方开挖和砂砾垫层、隧道名牌以及模板、支架的制作安装和拆卸等均包括在相应工程中不单独计量。

⑨泄水孔、砂浆勾缝、抹平等的处理,以及图纸示出而支付细目表中未列出的零星工程和材料,均包括在相应工程细目单价内,不另行计量。

(3)洞身开挖:

①洞内开挖土石方符合图纸所示(包括紧急停车带、车行横洞、人行横洞以及监控、消防设施的洞室)或监理工程师指示,按隧道设计横断面加允许平均超挖量计得的土石方工程量,不分围岩类别,以立方米(m^3)计量。开挖土石方的弃渣,其弃渣距离在图纸规定的弃渣场内为免费运距;弃渣超出规定弃渣场的距离时(比如图纸规定的弃渣场地不足要另外增加弃土场,或经监理工程师同意变更的弃渣场),其超出部分另计超运距运费,按立方米·公里($m^3 \cdot km$)计量。若未经监理工程师同意,承包人自选弃渣场时,则弃渣运距不论远近,均为免费运距。

②不论承包人出于任何原因而造成的超过允许范围的超挖,和由于超挖所引起增加的工程量,均不予计量。

③支护的喷射混凝土按验收的受喷面积乘以厚度，以立方米(m^3)计量，钢筋以千克(kg)计量。喷射混凝土其回弹率、钢纤维以及喷射前基面的清理工作均包含在工程细目单价之内，不另行计量。

④洞身超前支护所需的材料，按图纸所示或监理工程师指示并经验收的各种规格的超前锚杆或小钢管、管棚、注浆小导管、锚杆以米(m)计量；各种型钢以千克(kg)计量；连接钢板、螺栓、螺帽、拉杆、垫圈等作为钢支护的附属构件，不另行计量。木材以立方米(m^3)计量。

⑤隧道开挖的钻孔爆破、弃渣的装渣作业均为土石方开挖工程的附属工作，不另行计量。

⑥隧道开挖过程，洞内采取的施工防排水措施，其工作量应含在开挖土石方工程的报价之中。

(4)洞身衬砌：

①洞身衬砌的拱部(含边墙)，按实际完成并经验收的工程量，分别按不同级别水泥混凝土和圬工，以立方米(m^3)计量。洞内衬砌用钢筋，按图纸所示以千克(kg)计量。

②任何情况下，衬砌厚度超出图纸规定轮廓线的部分，均不予计量。

③按规定，允许个别欠挖的侵入衬砌厚度的岩石体积，计算衬砌数量时不予扣除。

④仰拱、铺底混凝土，应按图纸施工，以立方米(m^3)计量。

⑤预制或就地浇筑混凝土边沟及电缆沟，按实际完成并经验收后的工程量，以立方米(m^3)计量。

⑥洞内混凝土路面工程经验收合格以平方米(m^2)计量。

⑦各类洞门按图纸要求，经验收合格以个计量。其中材料采备、加工制作、安装等均不另行计量。

⑧施工缝及沉降缝按图纸规定施工，其工作量含在相关工程细目之中，不另行计量。

⑨各种设备、设施的预埋(预留)管件的工作量含在相关工程细目中，不另行计量。

(5)防水与排水：

①洞内排水用的排水管按不同类型、规格以米(m)计量。

②压浆堵水按所用原材料(如水泥浆液、水泥—水玻璃浆液)以立方米(m^3)计量。压浆钻孔以米(m)计。

③防水层按所用材料(防水板、无纺布等)以平方米(m^2)计量；止水带、止水条以米(m)计量。

④为完成上述项目工程加工安装所有工料、机具等均不另行计量。

⑤隧道洞身开挖时，洞内外的临时防排水工程应作为洞身开挖的附属工作，不另行支付。为此，“洞身开挖”节中土方及石方工程报价时，应考虑本节支付细目外的其他施工时采取的防排水措施的工作量。

(6)洞内防火涂料和装饰工程：

本节完成的各项工程，应根据图纸要求，按实际完成并经监理工程师验收的数量，分别按以下的工程细目进行计量：

①喷涂防火涂料：喷涂的面积，以平方米(m^2)为单位计量。其工作内容包括材料的采备、供应、运输，支架、脚手架的制作安装和拆除，基层表面处理，防火涂料喷涂后的养生，施工的照明、通风等一切与此有关的作业。

②镶贴瓷砖：镶贴瓷砖的面积，以平方米(m^2)为单位计量。其工作内容包括材料的采备、供应、运输，混凝土边墙表面的处理，砂浆找平，施工的照明、通风等一切与此有关的作业。找平用的砂浆不另行计量。

③喷涂混凝土专用漆：其以平方米(m^2)为单位计量。其工作内容包括材料的采备、供应、运输，基层处理，施工的照明、通风等一切与此有关的作业。

(7)风、水、电作业及通风、防尘：

风、水、电作业及通风、防尘为隧道施工不可缺少的附属工作，其工作量均含在本章各节有关工程细目的报价中，不再另行计量。

(8)监控量测：

监控量测是隧道安全施工必须采取的措施，监控量测除必测项目外，应根据具体情况确定选测项目，分别以总额报价及支付。

(9)特殊地质地段的施工与地质预报：

隧道施工中遇到特殊地质地段时，承包人应采取的有关施工措施，不另予计量与支付。地质预报采用的方法手段应根据具体情况选用，不同的方法手段，分别以总额报价及支付。

6)第600章安全设施与预埋管线的计量

(1)通则：

本节不作计量与支付。

(2)护栏：

①设置在中央分隔带的混凝土护栏，应按图纸和监理工程师指示验收，其长度以米(m)计量，混凝土基础以立方米(m^3)计量。

②地基填筑、垫层材料、砌筑砂浆、嵌缝材料以及油漆涂料等均不另行计量。

③波形梁钢护栏(含立柱)为安装就位(包括明涵、通道、小桥部分)并经验收合格，其长度沿栏杆面(不包括起终端段)量取并按米(m)计量。钢护栏起、终端头以个计量。

④中央分隔带开口处活动式钢护栏应拼装就位准确，验收合格，以个计量。

⑤明涵、通道、小桥部分钢护栏的立柱插座、预埋构件作为上述构造物的附属工作，不另计量。

(3)隔离栅：

①隔离栅应安装就位并经验收，分别按铁丝编织网隔离栅、刺铁丝隔离栅、钢板网隔离栅、电焊网隔离栅等，从端柱外侧沿隔离栅中部丈量，以米(m)计量。金属立柱及紧固件等均并入隔离栅计价中，不另行计量。

②桥上防护网以米(m)计量，安设网片的支架、预埋件及紧固件等不另行计量。

③钢立柱及钢筋混凝土立柱安装就位并经验收以根计量，钢筋及立柱斜撑不另计量。

④所需的清场、挖根、土地整平和设置地线等工程均为安装隔离栅的附属工作，不另计量。

(4)道路交通标志：

①标志应按图纸规定装好、埋设就位并按经验收的不同种类、规格分别计量：

a. 所有各式交通标志(包括立柱、门架)均以个为单位计量。

b. 所有支承结构、底座、硬件和为完成组装而需要的附件，均附属于各有关标志工程细目内，不另行计量。

②里程标和公路界碑等均应按埋设就位和验收的数量以个为单位计量。

(5)道路交通标线:

①路面标线应按图纸所示,经检查验收后,以热熔型涂料、溶剂常温涂料和溶剂加热涂料的涂敷实际面积,以平方米(m^2)为单位计量。反光型的路面标线玻璃珠应包含在涂敷面积内,不另计量。

②突起路标安装就位经检查验收后以个计量。

③轮廓标安装就位经检查验收后以个计量。

④立面标记设置经检查验收后以处计量。

(6)防眩设施:

防眩板、防眩网设置安装完成并经验收后以延米(m)计量。为安装防眩板设置的预埋件、连接件、立柱、基础混凝土以及钢构件的焊接等均作为防眩板、防眩网工程的附属工作,不另行计量。

(7)通信和电力管道与预埋(预留)基础:

①人(手)孔应根据图纸的形式及不同尺寸按个计量。

②紧急电话平台应按底座就位和验收的个数计量。

③预埋管道工程应按铺筑就位并验收的以米(m)计量,计量是沿着单管和多管结构的管道中线进行。过桥管箱的制作、安装以米(m)计量。所有封缝料和牵引线及拉棒检验等,作为承包人的附属工作,不另行计量。

④挖基及回填,压实及接地系统作为相关工程的附属工作,不另计量。

⑤附属于桥梁、通道或跨线桥的预留管道及其他的电信设备应作为这些结构的一部分在主体工程内计量,本节不单独计量。

⑥通信管道安装在桥上的托架作为制造、安装过桥管箱的附属工作,不另行计量。

(8)收费设施及地下通道:

①收费亭按图纸的形式组装或修建,经监理工程师验收,分别按单人收费亭和双人收费亭以个为单位计量。

②收费天棚按图纸组装架设,经监理工程师验收以平方米(m^2)为单位计量。

③收费岛浇筑按图纸形式及大小经监理工程师验收,分别按单向收费岛和双向收费岛以个为单位计量。

④地下通道按图纸要求经监理工程师验收,其长度沿通道中心量测洞口间距离,以米(m)为单位计量,计量中包含了装饰贴面工程及防、排水处理等内容。

⑤预埋及架设管线按图纸规定铺设就位经监理工程师验收以米(m)为单位计量。

⑥收费设施的预埋件为各有关工程细目的附属工作,均不另予计量。

⑦所有挖基、挖槽以及回填、压实等均为各相关工程细目的附属工作,不另予计量。凡未列入计量细目的零星工程,均含在相关工程细目内,不另予计量。

7)第700章绿化及环境保护的计量

(1)通则:

本节不作计量与支付。

(2)铺设表土:

①表土铺设应按完成的铺设面积并经验收以立方米(m^3)为单位计量。

②铺设表土的准备工作(包括提供、运输等),为承包人应做的附属工作,不另予计量。

(3)撒播草种和铺植草皮:

①撒播草种按经监理工程师验收的成活草种的面积以平方米(m^2)为单位计量。草种、水、肥料等,作为承包人撒播草种的附属工作,均不另行计量。

②铺草皮按经监理工程师验收的数量以平方米(m^2)为单位计量,当采用叠铺时,按叠铺程度确定一叠铺系数(经监理工程师同意)增计面积。

③需要铺设的表土,按表土的来源,在本规范“铺设表土”节相关支付细目内计量。

④绿地喷灌设施按图纸所示,敷设的喷灌管道以米(m)为单位计量。喷灌设施的闸阀、水表、洒水栓等均不另行计量。

(4)种植乔木、灌木和攀缘植物及植物养护与管理:

①人工种植经监理工程师按成活数验收,乔木、灌木及人工种植攀缘植物均以棵计量。

②需要铺设的表土,按表土的来源,在本规范“铺设表土”节相关支付细目内计量。

③种植用水,设置水池储水,均作为承包人种植植物的附属工作,不另予计量。

④植物养护及管理是承包人完成绿化工程的附属工作,不另计量与支付。

(5)声屏障:

消声板声屏障应按图纸施工完成经监理工程师验收的现场量测的长度,以米(m)为单位计量;吸声砖及砖墙声屏障以立方米(m^3)为单位计量。声屏障的基础开挖、基底夯实、基坑回填、立柱、横板安装等工作为砌筑吸声砖声屏障及砌筑砖墙声屏障所必须的附属工作,均不另行计量。

(6)环境保护:

本节所采取的各项措施,是各有关工程在施工期间对环境保护方面应当注意和必须做到的工作,其费用已在本规范“工程管理”节内列出,本节不予单独计量与支付。

复习思考题

1. 工程计量的范围包括哪几个方面?
2. 工程计量的依据有哪些?
3. 简述工程计量的程序。
4. 工程计量主要文件包括哪些?
5. 工程计量管理有哪几种方法?
6. 工程计量的方法有哪些?

第四章

工程费用支付

教学要求

1. 描述费用支付的必要性；
2. 说明费用支付中的职责和权限；
3. 描述费用支付的原则与分工、支付的种类与程序；
4. 说明费用支付的项目。

● 第一节　概　　述 ●

一、费用支付的必要性

工程费用支付是监理工程师对承包人应获得的工程进度款项予以确认并由业主予以支付的过程。

公路工程施工合同是经济合同的一种，是为经济目的而签订的。因此，工程承包是一种商业行为，此商业行为中的业主与承包人双方，均是独立的经济实体，有着各自的经济利益。由于业主和承包人的目标与经济利益不同，在整个施工活动中又处于不同的经济地位，所以合同的全面履行，承包人必然对工程的费用提出支付要求，而业主所需的是一个质量优良的工程实物。要让他们按照合同履行各自的义务，则必须引入工程监理机制，通过监理工程师对工程所发生的一切有关费用进行监督与管理，以费用支付为经济杠杆来对双方的利益加以协调。

另外，工程施工是一种特殊的生产活动，具有复杂、风险性大、费用巨大、周期长及生产必须连续等特点。一般情况下，承包人不愿，也不可能单方面承担施工中的各种风险，更无法垫付全部工程费用，假如业主不及时支付工程费用，承包人肯定会出现资金周转困难，从而造成施工受阻，并最终影响业主的利益。

通过工程费用的合理支付，使业主与承包人双方在共同参与的工程活动中公平地实现各自的经济利益，即资金随工程的进展情况逐步由业主向承包人转移，而工程活动中的物质(材料)则经承包人按图纸加工形成业主所需的特定商品——结构物。

二、费用支付中的职责和权限

FIDIC 和《公路工程国内招标文件范本》合同条件下的工程费用支付就是承包人向监理工程师提出付款申请，监理工程师审核后开出付款证书送交业主，业主在规定时间内向承包人付款的过程。

毫无疑问,工程费用支付既是工程费用监理的最后一道程序,也是监理工程师进行合同管理的最后一个环节,因此,它就成为最终落实业主与承包人经济利益的关键工作。为了有效地做好整个监理工作和圆满地完成费用监理任务,必须根据合同条件的规定明确监理工程师在工程费用支付中的职责与权限。

1. 工程费用支付的职责

监理工程师在工程费用支付中的职责就是定期审核承包人的各类付款申请,为业主提供付款凭证,从而保证业主对承包人的支付公平合理。具体来说,他的主要职责就是审核和开具付款证书。一方面,他必须按时处理承包人的付款申请,以便承包人能够及时获得各种应收的款额;另一方面,他必须根据合同文件的要求和原则进行审核,向业主证明承包人在每一阶段所完成各项工作的实际价值,为业主所支付的每一笔资金严格把关。

总之,监理工程师只有站在公正的立场上才能确保业主和承包人双方的利益。

2. 工程费用支付的权力

FIDIC 和《公路工程国内招标文件范本》合同条件中涉及监理工程师在工程费用支付方面权限的条款很多(占一半以上),相关条款对每一支付项目都赋予了监理工程师相应的权力,现简要归纳如下:

(1)审查、签发中期支付证书,合同得到正常履行的最后支付证书以及合同中止后任何款项的支付证书。

(2)对不符合技术规范和合同条件要求的工程细目和施工活动,有权暂时拒绝支付,待上述细目和活动达到要求后才予支付。

(3)具有对合同价格进行调整的权力。在合同执行期间,由于下述两种情况可能导致工程费用发生变化(增加或减少),一是后续法律、法令、法规和条例所发生的修改或变更,二是资源价格的涨落。无论出现哪一种情形,监理工程师都必须与业主和承包人协商,以确定新的合同价格。

(4)具有确认工程变更和索赔所产生费用的权力。这主要是指确认工程变更的单价和索赔细目的单价与费率的权力。

(5)其他有关支付方面的权力。例如,下令使用计日工,动用暂定金额以及有关保留金、提前竣工奖金支付等方面的权力。

三、费用支付的原则

费用支付是工程费用监理的关键,也是监理工程师的核心权力。因此,监理工程师在工程费用支付中必须站在公正的立场上,一方面客观、准确地评价承包人的施工活动,仔细地计算各项工程费用,并及时地签发付款证书,从而使承包人及时得到应得的费用;另一方面使已支出费用的业主能按时得到质量合格且符合安全和环保要求的工程实体。为了达到公平合理的支付目标,监理工程师在费用支付上必须遵循以下几个基本原则:

(1)支付必须以工程计量为基础;

(2)支付必须以技术规范和报价单为依据;

(3)支付必须以日常记录和合同条款为依据;

(4)支付必须遵循严格的程序；

(5)支付金额必须大于阶段证书的最低限；

(6)支付必须及时。

四、费用支付的分工与管理

1. 支付的分工

质量、进度和合同管理三者是进行费用监理的基础，而费用支付又是费用监理的核心，须依靠费用支付来开展其有效的工作。因此，工程费用支付必须有专门的监理人员来执行，且应合理分工，并明确各自的任务和责任范围。为此，应落实工程费用监理的机构，除配置费用监理工程师外，还应落实计量、支付监理人员及明确由谁对最终结果负责，即由谁在计量证书和支付证书上签字。

负责费用支付的监理人员应当在严格审查和反复核对后，形成一套完整的支付材料报送高级驻地监理和总监代表处。

2. 支付的管理

由于费用支付工作非常重要，且又需要大量的资料和表格，工作十分繁杂，所以必须加强对费用支付工作的管理。

1)建立支付的管理制度和各级支付人员的岗位责任制

我国的公路工程建设项目普遍采用三级管理模式，即驻地监理的一级管理，高级驻地监理的二级管理及总监(代表)的三级管理。

(1)驻地监理工程师对费用支付的管理：

①审查承包人的付款申请。主要内容有：

a. 审查付款申请中的各项款额的依据；

b. 核对付款申请单中的单价是否与工程量清单和工程变更清单相符；

c. 核实到达现场的材料规格和质量是否符合规范的要求，数量是否与现场的数量相符以及检查材料的存放条件；

d. 审查工程质量。

②编制付款证书。驻地监理工程师完成上述审查和检验后编制付款证书，报送高级驻地监理工程师审核。

(2)高级驻地监理工程师对费用支付的管理：

①审核付款项目的质量。高级驻地监理工程师在审核付款证书时首先要审查付款项目的质量，并有权对付款项目的质量进行复查，对质量不合格的项目拒绝支付。

②审查材料预付款的支付情况。高级驻地监理工程师对材料预付款的审查主要是宏观控制，根据承包人的施工计划，审查运到现场的材料是否合理。

③审查付款证书的各个细目。高级驻地监理工程师对付款证书的细目都要进行审查，对支付项目中有误的数量、金额进行修正。

高级驻地监理工程师将审查后的付款证书送总监理工程师(代表)审定。

(3)总监理工程师(代表)对费用支付的管理：

总监理工程师代表处有权抽检任何费用支付项目的工程质量，同时对付款证书享有充分的否决权,即对工程质量不合格的支付项目或不符合支付条件的项目一律予以拒付。经总监理工程师代表处审定后的付款证书才能作为业主支付工程款项的凭据,业主据此向承包人支付工程款项。

2)定期对费用支付工作进行检查和考核

通过对费用支付工作进行定期检查、考核和对工程费用的动态分析,可及时发现存在的各种问题,对违反费用支付管理制度的工作人员作出严肃处理。

五、费用支付的种类与程序

1. 支付的种类

在工程费用监理中,监理工程师处理的费用支付种类很多,而不同种类的支付有不同的规定程序和办法,因此,监理工程师必须全面了解支付的分类。

1)按时间分类

按时间分类,工程费用支付可分为前期支付、中期支付以及最后支付三种。

(1)前期支付　前期支付有开工预付款、履约保函手续费和保险手续费三种。其中开工预付款是由业主提供给承包人的无息款项,按一定条件支付并扣回。

(2)中期支付　中期支付有工程款、暂定金额、计日工、材料设备预付款、工程变更、保留金、索赔、价格调整、迟付款利息、对特殊分包人或供货人支付、合同中止后支付以及工程交工支付等项目。中期支付按月进行,由监理工程师开出中期支付证书来实施。

(3)最后支付　最后支付是业主与承包人之间的最后一次结算。监理工程师应确认承包人的遗留工程及缺陷工程已完成并达到规范标准后,签发最后支付证书。

2)按支付内容分类

按支付内容可分为工程量清单内的付款和工程量清单外的付款,即所谓的清单支付和合同支付。

(1)清单支付　清单支付,就是支付项目均包含在合同文件中的工程量清单内,在工程量清单中有明确立项。监理工程师按照合同条件、技术规范和工程量清单的有关规定进行计量,确认已完的实际工程量,然后根据已确认的工程数量和报价单中的单价,计算和支付工程量清单中各项工程费用。

(2)合同支付　一些支付项目没有包含在工程量清单内,但在合同中明确规定,一旦承包人根据合同条款履行其义务或者未履行其义务后,监理工程师要按承包人实际完成情况和合同条款规定的原则,向承包人办理支付或者扣除的事宜。主要包括开工预付款、材料预付款、保留金、拖期损失偿金、提前竣工奖金、迟付款利息、工程变更、索赔费用和价格调整。

虽然合同支付在工程费用支付中所占比重不大,但其灵活性比清单支付要大,比较难以把握和控制,是监理工程师在支付工作中的重点和难点。

3)按合同执行情况分类

根据合同执行情况分为正常支付和合同中止支付两类。

(1)正常支付　正常支付是指业主与承包人双方共同努力使整个合同得以顺利履行而产生的支付结果。

(2)合同中止支付　合同中止支付是指由于工程遇到战争、骚乱等合同规定的特殊风险,承包人违约以及业主违约等三方面原因导致合同无法继续履行而出现的支付结果。无论何种原因导致合同中止,监理工程师都应按照合同条件、技术规范等有关文件的规定处理好各项费用的支付。

2. 支付的程序

1)有关支付的几项基本规定

(1)支付时间　按合同规定的时间支付。《公路工程国内招标文件范本》合同通用条款第60.15款规定:业主应该在收到监理工程师签认的中期支付证书后21d内或在投标书附录中另有规定并以此为准的天数内支付给承包人;或在收到监理工程师签认的最后支付证书42d内支付给承包人,否则要支付延期付款利息。

(2)支付的最低限额　在《公路工程国内招标文件范本》合同通用条款第60.2款关于月支付中规定:如果该月应结算的价款经扣留和扣回后的款额少于投标书附录中列明的期中支付证书的最低金额,则该月监理工程师可不核证支付,上述款额将按月结转,直至累计应支付的款额达到投标书附录中列明的期中支付证书的最低金额为止。公路招投标项目中一般规定每月支付金额不低于合同总价的2%。

(3)支付范围　所有到期并符合合同要求的工作内容都应计价支付。

(4)支付方法　根据各种工程费用的特点和支付要求分项、分类计算,汇总后再扣减承包人对业主的支付。

(5)支付货币　工程费用中人民币与外币的比例应按投标书附录中所定的百分比确定。

2)支付程序

在合同实施期间的历次中期支付,或交接证书签发后的支付,或缺陷责任期终止后的最后支付,都必须按照付款的程序进行。基本支付程序如下:

(1)承包人提出申请　工程费用支付一般由承包人通过监理工程师向业主提出付款申请,承包人在提出付款申请时要出具一系列的报表,以说明其申请金额的准确性。其主要工作就是填好财务支付月结账单(或最后结账单)。

(2)监理工程师审核与签认　监理工程师对承包人的财务支付月结账单(或最后结账单)进行全面审核和计算(监理工程师有权修改其中的错误或不实之处),在逐项审核和计算的基础上签认应支付的工程费用,并以支付证书的方式确认工程费用的数额。

(3)业主付款　业主收到监理工程师签认的支付证书后,在规定的时间内支付费用给承包人。

第二节　支付项目

一、清单支付项目

清单支付是工程费用支付中最主要和最基本的内容,一般包括以物理单位计量的工程、以自然单位计量的项目、暂定金额和计日工四类。凡在工程费用预算时能够比较准确地计算其工程内容的,都将以物理单位和自然单位来计量;不太明确却可能发生的工程内容则使用计日工和暂定金额来估算。

1. 以物理单位计量支付的项目

工程量清单中的绝大部分工程内容是以物理单位计量支付的，其费用约占整个工程费用的85%左右。其支付条件是完成了技术规范和图纸所规定的工作内容，且质量合格、工程细目划分及计量准确、达到监理工程师满意。支付的具体作法是将承包人每月完成的工程项目的计量数量与其相应的单价相乘，并通过中期支付证书支付工程进度款及由最后支付证书支付最后结算款来实施。

2. 以自然单位计量支付的项目

以自然单位计量支付的项目有以下两种情况：

(1)按项计量支付的项目，如某一涵洞、通道、房屋和某一项试验等。这类项目的支付，应在该项工程开始前或开工初期就拟定支付比例，支付比例可按各部位的工程价值及其在该项工程中所占的百分比来确定。一般情况下，按结构的形式和其施工顺序将结构物分解成不同的工程部位，然后再估算各部位的价值并计算该部位价值在结构物总价中所占的比例较为方便。由此可见，支付比例的确定是关键，支付比例一旦确定下来，即可按形象进度进行支付了。现以某涵洞工程支付为例予以说明。

【例 4-1】 某一盖板涵，在报价单中，按其工程细目、延米及单价算出其总价为 15 万元。试计算当完成涵洞墙身的砌筑时，业主应向承包人支付多少费用？

解：根据《公路工程国内招标文件范本》中第 5 篇技术规范的规定，盖板涵、箱涵在计量与支付时，当完成涵洞工程基础部分的浇筑或砌筑时，得支付涵洞工程费用的 20%；完成涵洞墙身的浇筑或砌筑时，再支付涵洞工程费用的 30%；涵洞工程全部完成后，再支付涵洞工程费用的余下部分。

根据此规定，当完成涵洞墙身的砌筑后，业主应向承包人支付总价的 50%。

故当完成涵洞墙身的砌筑后，应支付：$150000 \times 50\% = 75000$(元)。

(2)单纯按自然单位计量支付的项目，如挖树根(以棵计)、桥梁的橡胶支座(以块计)、照明灯柱(以根数计)等。只需将实际数量与报价单中的单价相乘即可。

3. 暂定金额

暂定金额是指包含在合同之内，并在工程量清单中以此名称标明的、为了实施本工程的任何部分或为了供应货物、材料、设备或提供服务，或留作不可预见费用的一项金额。

暂定金额只是财务上的一种备用金，仅用于在招、投标时没有足够资料准确估价的项目或应急项目，且应由监理工程师报业主批准后指令全部或部分地使用，或者根本不予动用。

暂定金额的使用，必须获得监理工程师的事先许可，并按监理工程师的指示，由承包人或特殊分包人(供货人)来完成暂定金额的工作。监理工程师可根据实际需要动用暂定金，并在审批了承包人提交的相应工程的施工组织计划及其所需要的人工费、材料费、机械设备费及计算说明；与业主和承包人就暂定金的支付进行协商；审核有关动用暂定金的凭证之后，签发暂定金额的支付证明。

暂定金额一般按照实际发生的费用，加上合同中规定的费率进行支付。因此，承包人应按监理工程师的要求，提交有关暂定金额开支的全部报价单、发票凭证、账目和收据，经审核后，按事先规定确认支付项目；若暂定金额项目由特殊分包人(供货人)来完成，其支付则按合同通用条款规定的办法和要求进行；暂定金额项目还可按计日工的计价方式支付。

4. 计日工

1）计日工使用的规定

《公路工程国内招标文件范本》中合同通用条款规定，计日工是用于完成在招、投标时不能预料的一些工作；在合同实施过程中增加的工程或工程项目的工程数量，性质不明的工程或完成工程项目必须的附属工程；以及监理工程师认为必要或可取，可以指令按计日工完成的任何特殊的较小而需变更的工程。

计日工的使用必须得到监理工程师的批准。承包人用于计日工的劳务不允许加班；用于计日工的材料一般应由承包人提供，且未经监理工程师同意不得任意改变；用于计日工的施工机械应由承包人提出，若因故障或闲置时，则不支付费用；除非监理工程师事先同意，承包人无权将计日工任意分包。

2）计日工的支付

对所有按计日工方式施工的工程，在其持续进行的过程中，承包人应每天将从事该项工作的所有工人的姓名、工种及工时的清单一式两份，以及表明该项工程所用的材料和承包人装备（计日工明细表中已包括了以附加百分比表示的承包人装备除外）的名称和数量的报表一式两份，经监理工程师审批后，其副本应退还给承包人作为支付的依据。在每月结束时，承包人应向监理工程师送一份所有劳务、材料和承包人装备的附有价格的账单，经审批后作为支付的依据。

用于计日工的劳务，应按合同计日工有关规定按正常工时使用，未经监理工程师批准，不支付加班费用。劳务费用的支付应按合同计日工的规定，在直接费上另加一个百分比的附加费，此费包括管理费、利润、质检费、税费、保险、工具的使用与维修及其他有关的费用。费用的计算应按投标人在合同计日工项目所开列的单价进行，如遇价格调整，应按合同专用条款规定的办法执行。

用于计日工材料费用的支付，应是材料运至现场仓库或贮料场的材料费用票面的净值加上合同工程量清单规定的一个百分比的附加费，这个百分数包括管理费、利润、税费、保险费及其他有关费用。从仓库或贮料场到施工现场的搬运费，按所用劳务或施工机械有关条目支付。

承包人用于计日工的施工机械费用的支付，应是合同工程量清单开列的基本租价。此基本租价包括全部折旧费、利息、燃料、油料、保养维修、配件及其他消耗品以及有关使用这些机械需要的任何附加物件的管理费、利润、税费、保险及其他有关费用。驾驶、操作工与助手等的费用包括在计日工劳务费中，另行支付。

应当说明，虽然计日工是用于施工中发生的，且是清单以外的工作，但只有在很特殊的情况下，即不能采用工程变更的方法解决时，方能使用计日工。由于计日工所产生的工程费用不可能提前估算，其中劳力、机械设备单价较高，材料费用实报实销，必然会使工程费用大大增加，而且对计日工的管理也比较困难。因此，应尽量少用或不用计日工，而采取工程变更的形式来加以解决。

二、合同支付项目

虽然合同支付在工程费用支付中所占比重不大，但其灵活性比清单支付要大，比较难以把握和控制，是监理工程师在支付工作中的重点和难点。合同支付项目包括开工预付款、材料预付款、保留金、拖期损失偿金、提前竣工奖金、迟付款利息、工程变更、索赔费用和价格调整等共9项。

1. 开工预付款

1）开工预付款的一般规定

承包人有权得到业主提供的一笔无息开工预付款，用以支付施工初期的各项费用。这种款项应在合同实施中在规定的期限内分批扣回。

根据《公路工程国内招标文件范本》合同通用条款的规定，在承包人完成下述工作后的14d内，监理工程师应按投标书附录中规定的额度签发开工预付款支付证书，并报业主审批：

（1）签订合同协议书；

（2）提交了履约的银行保单；

（3）提交了开工预付款的担保。

业主应在收到该支付证书后14d内核批，并支付开工预付款的70%的价款；在投标文件载明的主要设备进场后，再支付开工预付款30%。

2）开工预付款的担保

承包人应向业主提交在中国开业的银行或中国银行认可的、业主同意的外国银行不可撤销的、无条件的银行保函，其担保金额应等于开工预付款的金额，银行保函的正本由业主保存。该保函在业主收回全部开工预付款之前一直有效。但上述银行担保的金额应随开工预付款的逐次收回而减少。执行上述要求所需费用由承包人承担。

3）开工预付款的扣回

《公路工程国内招标文件范本》合同通用条款规定：开工预付款在期中支付证书的累计金额未达到合同价格的30%之前不予扣回，在达到合同价格的30%之后，开始按工程进度以固定比例（即每完成合同价格的1%，扣回开工预付款的2%）分期从各月的期中支付证书中扣回，全部金额在期中支付证书的累计金额达到合同价格的80%时扣完。下面举例予以说明。

【例4-2】 某项工程合同总价为1500万元，开工预付款在投标书附录中规定的额度为10%。到第7个月时累计支付工程款金额为400万元，到第8个月时累计支付工程款金额为465万元，到第9个月时累计支付工程款金额为540万元，试计算扣回开工预付款的金额。

解：已知 开工预付款总额 = 1500万元 × 10% = 150万元

合同总价的30% = 1500万元 × 30% = 450万元

第7个月时累计支付工程款金额为400万元 < 450万元（合同总价的30%）

则 第7个月时，在期中支付中不扣除开工预付款

第8个月时累计支付工程款金额为465万元 > 450万元（合同总价的30%）

则 应从第8个月开始，在期中支付中按比例扣除开工预付款

方法 每完成合同总价的1% = 15万元，扣回开工预付款的2% = 3万元

则 第8个月扣回的开工预付款 = （465万元 × 3）/15 = 93万元

第9个月扣回的开工预付款 = [（540万元 − 465万元）× 3]/15 = 15万元

2. 材料预付款

1）材料预付款的一般规定

《公路工程国内招标文件范本》合同通用条款规定：业主应给承包人支付一定比例的材

料、设备预付款，以供购进将用于和安装在永久工程中的各种材料、设备之用。此项金额应按投标书附录中写明的主要材料、设备单据所列费用（进口的材料、设备为到岸价，国内采购的为出厂价或销售价，地方材料为堆场价）的百分比支付，并且不计利息。这项付款应在材料用于永久性工程以后按合同规定予以扣回。

材料预付款应限制在合同规定的材料发货票面值的某一百分比之内（一般按所购材料设备支付单据开列费用的75%支付）。材料预付款支付条件是：

（1）材料、设备符合规范要求并经监理工程师认可；

（2）承包人已出具材料、设备费用凭证或支付单据；

（3）材料、设备已在现场交货，且存储良好，监理工程师认为材料、设备的存储方法符合要求。

监理工程师应按货币的种类和比例，将上述确定的金额计入下一次的中期支付证书中去。但监理工程师签发的支付证书不应被视为是对上述材料设备的质量批准。

2）材料预付款的扣回

当材料、设备已用于或安装在永久工程之中时，材料、设备预付款应从期中支付证书中扣回，扣回期不超过3个月。已经支付预付款的材料、设备的所有权应属于业主，工程竣工时所有剩余的材料、设备的所有权应属承包人。当工程竣工后，所有剩余材料、设备的所有权应属承包人，承包人应将剩余材料迅速从现场运走。

3. 保留金

保留金也叫抵押保留金，是业主为了让承包人履行合同而将承包人应得款项的一种暂时扣留，作为承包人实施未完工程及修补工程缺陷的保证金。一旦承包人未履行合同中所承担的责任，则此保留金应归业主所有，业主可使用保留金雇佣其他承包人来完成未完成的工程。

保留金的扣留应按合同有关规定办理：从中期支付证书中，每次按已完成工程价值的10%扣除，扣除总额以全部合同价值的5%为限。如承包人在收到第一个中期支付证书前，提交了一份由业主认可银行出具的银行保函，则监理工程师可不再替业主从中期支付证书中扣留保留金。

根据《公路工程国内招标文件范本》合同通用条款60.4款的规定，在整个工程缺陷责任期满并发给缺陷责任终止证书后14d内，监理工程师签发保留金支付证书，将保留金退还给承包人。

4. 拖期损失偿金

根据《公路工程国内招标文件范本》合同通用条款47.1款规定，如果承包人未能按照合同专用条款规定的工期或已批准的延长工期完成合同工程，则必须向业主支付按投标书附录中写明的金额，作为拖期损失偿金。时间自预定的交工日期起到合同工程交工证书中写明的交工日期或已批准的延长工期止，按天计算。拖期损失偿金应不超过投标书附录中写明的限额（一般为合同价格的10%）。业主可以从应付或到期应付给承包人的任何款项中扣除此偿金，但不排除其他扣款方法。扣除拖期损失偿金，并不解除合同规定的承包人对完成本工程的义务和责任。

如果在合同工程完工之前，已对合同工程内按时完工的单项工程签发了交工证书，则合同工程的拖期损失偿金，应按已签发交工证书的单项工程的价值占合同工程价值的比例予以减少,但不应影响拖期损失偿金的规定限额。

5. 提前竣工奖金

如果承包人比合同专用条款规定的工期提前竣工,承包人可以得到合同专用条款中规定的提前竣工奖金。该奖金应按合同工程交工证书中写明的本工程(或合同段)实质上竣工的日期,与合同专用条款规定的竣工日期之间的天数计算并支付。提前竣工奖金应不超过投标书附录中写明的限额。

6. 迟付款利息

根据《公路工程国内招标文件范本》合同通用条款 60.15 款规定,如果业主在合同规定的时间内没有向承包人付款,则业主应按投标书附录中规定的利率向承包人支付全部未付款额的利息,付息时间从应付而未付该款额之日算起(不计复利)。

当监理工程师确认业主在收到监理工程师签发的支付证书后,没有在合同规定的时间内向承包人付款,则应签发迟付款利息的支付证明。

7. 工程变更费用

工程变更是工程费用支付中的一个重要项目。在合同执行过程中,由于不可预见的因素或施工环境的改变或工程项目的任一部分经过变更后更合理、更经济,根据合同通用条款规定,监理工程师有权对工程或工程的任一部分发布增减或取消的变更指令。工程变更指令,必须由监理工程师以书面的形式发布。没有监理工程师的指令,承包人不能进行任何变更。

工程变更费用的支付依据是工程变更令和工程变更清单,支付方式采用列入《中期支付证书》的形式进行,支付货币与其他支付项目相同,即按承包人投标时所提出的货币种类和比例进行付款。

工程变更费用将在第五章第一节中详细讲述。

8. 索赔费用

就监理工程师处理的所有支付项目而言,索赔费用是最复杂和最具技巧性与灵活性的一个项目。因此,在进行索赔费用支付时,监理工程师必须谨慎处理,否则,会因为对索赔费用的支付管理不善而导致对整个工程费用的失控。

因为导致索赔的原因多种多样,所以其费用的计算和确定原则就各不相同。因此,为了客观、公正地处理好索赔费用支付,监理工程师不仅要对合同条件和技术规范十分熟悉,而且还要有深刻的理解,并能结合实际情况正确运用。

索赔费用将在第五章第二节中详细讲述。

9. 价格调整

由于公路工程项目施工所跨越的时间较长,施工成本容易受市场物价波动的影响。根据合同通用条款的规定,在合同执行期间,由于劳务、材料或影响工程施工成本的任何其他事项的价格涨落而引起费用增减时,应根据合同专用条款规定的价格调整公式给予调价,将其浮动的价格从合同价值中增加或减去。

这个规定是国际竞争性招标项目中的一则惯例,采用它的目的是使招、投标工作处在一个公平的水准线上,以使业主单位在工程决算时能在一个合理的价格水平上承受工程费用,同时也免除了承包人在施工中因为发生劳力或原材料价格上涨带来的风险。

价格调整涉及两个方面:

(1)工程施工中所需要耗用的主要和大宗材料,对这一部分的价格要按合同条件给定的公式准确计算调价费用;

(2)后继的法规及其他有关政策改变而产生的费用。

将上述两方面费用计算出来,并在《价格调整汇总表》汇总后,即可通过中期支付证书,办理因价格调整而引起的费用支付。

价格调整将在第五章第三节中详细讲述。

复习思考题

1. 工程费用支付的必要性有哪些?
2. 工程费用支付的原则是什么?
3. 简述工程费用支付的种类及程序。
4. 清单支付项目有哪些?
5. 合同支付项目有哪些?

第五章

合同支付与管理

教学要求

1. 进行工程变更费用的估价与支付；
2. 计算工程索赔费用；
3. 进行价格调整费用的计算与支付；
4. 说明合同终止和工程停工后的支付。

在第四章第二节中，我们已对合同支付项目及其内容进行了简要介绍，但是，由于合同支付是监理工作中的重点和难点，也是搞好工程费用监理的关键，所以本章将对合同支付中技巧最强、灵活性最大、控制困难的工程变更、索赔费用和价格调整等 3 种支付项目的费用计算与支付再作详细介绍。此外，还将对合同终止和工程停工后的支付进行讨论。

●第一节　工程变更费用的估价与支付●

一、工程变更的类型

变更是相对承包人在投标时所依据的合同文件而言所做的变动，即工程在实施期间，如业主或承包人认为有必要时，可对本合同工程或其任何部分的结构形式、质量、等级或数量做出变更。按通用条件所做的变更，既包括工程具体项目的某种形式上、质量上、数量上的变动，也包括合同文件的形式上、质量上、数量上的改动。即变更包括两个方面的范畴：一是指工程上的变更，并且当变更金额超过一定的限度后就对费用予以调整；二是指合同上的变更，即通过工程变更令对合同文件进行修改。

根据 FIDIC 合同通用条件及《公路工程国内招标文件范本》的有关规定，工程变更有如下几种类型：

(1)增加或减少本合同中的任何工程的数量；

(2)取消合同中的任何单项工程；

(3)改变合同中的任何工作的性质、质量或种类；

(4)改变本工程任何部分的标高、线形、位置和尺寸；

(5)完成本工程所必须的任何种类的附加工作；

(6)改变本工程任何分项工程规定的施工顺序或时间安排。

虽然工程变更涉及多方面的内容，但有一个共同点是都发生在项目的实施过程中，而且是项目执行前没有考虑到或无法预测到的，因此对工程变更的控制也就相当困难。一般情况下，任何工程上的变更及合同变更，几乎都与费用有关，均将涉及业主和承包人的经济利益。除了由承包人的原因（过错、违反合同、责任等）而自行造成的变更外，其他所有的变更都需业主向承包人支付变更费用。就工程承包合同的双方来说，业主总是力图让变更规模在保证设计标准和工程质量的前提下尽可能缩小，以利于控制投资规模；作为承包人，由于变更工程总会或多或少地打乱其原来的进度计划，给工程的管理和实施带来程度不同的困难，所以总是希望以此为由向业主索要比变更工程实际费用大得多的金额，以获取较高利润。这是一对矛盾，监理工程师应该站在公正、独立的立场上协调和解决好这一对矛盾，既要使发生的工程变更有利于工程施工的顺利进行，又要使由此产生的费用控制在合理的范围之内。

没有监理工程师的指令，承包人不能进行任何工程变更。但如果工程量的增减是由于其实际工程量超过或少于工程量清单中估算的数量而并非监理工程师指令的结果，则这类增减不需变更指令。任何工程的变更，均不应该以任何方式使合同作废或无效。

二、工程变更的工程量核算

工程变更后，必然将引起工程量的变化，监理工程师应重新加以核算。如原工程量清单中列有此项目，则应将变更后的数量与变更前的数量进行对比，从而确定工程量的增加量或减少量并计算出相应的百分比；如果原工程量清单中无此项目，则此变更属于新增加项目，也需要准确计算工程量。总之，不论是哪一种情况，都必须通过准确计算工程量形成工程变更清单（即修改的工程量清单），并以此作为工程变更费用支付的基础。监理工程师在核算变更的工程量时主要依据以下三个方面的信息：

1. 设计图纸、合同文件及技术规范

设计图纸、合同文件及技术规范是计算变更工程量的基本依据，因为变更前的工程量就是按设计图纸、合同文件及技术规范计算出来的。

2. 监理工程师的记录

监理工程师和旁站人员的现场记录是核算变更项目实际工程量的重要依据，因此，监理工程师应高度重视现场记录、试验数据和其他原始资料的积累。

3. 承包人提供的工程数量

承包人提供的工程数量如果经过监理工程师审核，也可以作为核算工程量的依据，但承包人单方提供而没有经监理工程师证明和签认的工程量仅能作为参考，不能作为依据。

三、工程变更的单价确定原则

在工程变更的支付中，工程变更的单价涉及到业主和承包人的切身利益，因此对变更单价的确定是最困难和最关键的。确定变更工程单价应坚持约定优先和公平合理的原则。变更单价确定的步骤为：收集文件资料；查阅资料；协商；裁决和确定。

根据 FIDIC 合同通用条件及《公路工程国内招标文件范本》的有关规定，工程变更的单价按下述原则确定：

（1）如果工程量清单中的单价或总额价适宜，应以工程量清单中的单价或总额价为依据来确定变更工程价格的增加或减少额。

(2)如果工程量清单中未包含适用于变更工程的单价,则采用工程量清单中监理工程师认为合适的单价用于作价的依据。如果不适合,则由监理工程师和承包人协议一个合适的单价或总额价并报业主批准。如果不能达成协议,则监理工程师应根据情况在报业主批准后,定出他认为合理的单价或总额价,并通知承包人,抄送业主。如果此单价或总额价一时不能议定,监理工程师可以确定暂时的单价或总额价,作为暂付账款列入根据合同规定签发的中期支付证书中,待议定后再在其后的中期支付证书中调整。

(3)如果变更工程的性质或数量,占整个工程的比例较大,使涉及的工程细目原有的单价或总额价因此而不合理或不适用时,由监理工程师和承包人议定一个合适的单价或总额价并报业主批准。当不能达成协议时,监理工程师应根据情况在报业主批准后,定出他认为合理的单价或总额价,并通知承包人,抄送业主。如果合同的工程量清单中某一支付细目所列的“金额”或“合价”超过签约时合同价的2%,而且该支付细目变更后的工程实际数量超过或小于工程量清单中所列数量的25%,则该支付细目的单价或总额价应予以调整。

(4)监理工程师如认为必要或可取,可以指令按计日工完成任何需变更的工作。对于这种变更的工作,应按合同中包括的计日工明细表中所定的细目,和承包人在其投标书中对此所报的单价或总额价,向承包人付款。

上述单价确定原则可通俗地表述为:有单价用单价;有相近单价参考相近单价;无单价协商定价,协商不成监理定价;变更较大调整单价。

在上述单价确定原则中,第(1)条和第(2)条在处理工程变更费用中经常用到,并且在我国许多高速公路建设项目中都取得了成功。第(3)条实际上是合同履行的公平性与可操作性的有机统一,是当变更超出某一范围时,对合同中因不平衡报价而产生的不公平现象的矫正,但在实际使用中要慎重处理,因为合同条件中并未就超出范围后如何调整价格给出具体模式,稍不注意就会产生十分严重的后果,甚至有可能使工程造价失控。第(4)条应该尽量避免使用或不使用,因为种类单一而价格普遍较高的计日工,是不适合用于种类繁杂而难易程度不定的变更工程的。

四、工程变更的单价确定方法

由于工程变更的单价涉及业主和承包人的切身利益,所以双方对此都十分关心。虽然FIDIC通用条件和《公路工程国内招标文件范本》就此专门设置了第52条,但也只能是给一总的原则,没有也不可能给出具体的处理办法。为了公正地对每一个变更项目进行估价,使业主和承包人对变更项目的造价满意,监理工程师必须完成大量而又详细的测算工作。下面通过实例来具体分析。

1. 采用工程量清单内的单价

工程量清单的价格是承包人投标时填报的,用于变更工程,容易为业主、承包人及监理工程师所接受,而且从合同意义上来说也比较公平合理。

采用工程量清单的价格分三种情况:

(1)直接套用,即直接采用工程量清单上的价格;

(2)间接套用,即依据工程量清单,经换算后采用;

(3)部分套用,即依据工程量清单,取用价格中的某一部分。

【例5-1】 某高速公路项目的原设计中,考虑沿线乡村交通的需要,设置了几十座人行通道。但在施工中发现,由于部分通道之间距离较大,给沿线村民生活带来不便。应地方政府的要求,业主决定在适当的地方增设几座人行通道。

分析:在处理这个工程变更时考虑到承包人原报价中有几十座类似的通道,现只增加几座,故可直接采用工程量清单中的报价。监理工程师在综合分析通道长度、断面尺寸、地理位置以及施工条件等各种情况后,在清单上几十座通道的价格中,可选择最接近新增加工程情况的通道价格,作为确定此项变更工程的价格依据。

【例5-2】 在某合同新增加的附属工程项目中,需要浇筑C25混凝土,在工程量清单中,虽然可以找到C25混凝土的价格,但在不同的构造物中,由于几何尺寸、地理位置和施工条件不尽相同,尽管混凝土的标号相同,单价却不一样,并且没有一个明显可与新增的附属工程情况靠近的单价。

分析:监理工程师在处理这项变更的定价问题时,可间接套用工程量清单上的报价。首先应将工程量清单中所有C25混凝土价格取出,然后计算其平均值,并以此平均值作为新增工程中C25混凝土的单价。

【例5-3】 某合同工程中要使用的钻孔桩有如下3种:直径为1.2m的共计长1500m,直径为1.5m的共计长8100m,直径为1.8m的共计长2100m。原合同规定选择直径为1.2m的钻孔桩做静载破坏试验。在施工中,业主和监理均认为,如果选择直径为1.5m的钻孔桩做静载破坏试验,对工程更具有代表性和指导意义。因此,决定进行变更。但在原工程量清单中仅有1.2m静载破坏试验的价格,没有直接套用的价格。

分析:由于钻孔桩静载破坏试验的费用主要由两部分组成:一是试验费用;二是桩的费用。因此,可认为变更费用增加主要是由钻孔桩直接的变化而引起的,而试验费用可认为没有变化。由于普通钻孔桩的单价在工程量清单中可以找到,故可部分套用工程量清单上的报价。变更后的费用=直径1.2m桩静载破坏试验费+直径1.5m钻孔桩的清单价格。

2.通过协商确定价格

通过协商确定单价是基于工程量清单中没有或者虽有但不合适的情况所采取的一种方法。在这种情况下,业主与承包人都参与价格及费率的协商,但如果他们的意见不一致,监理工程师将决定变更工程的单价。特别要注意的是,一旦监理工程师决定的价格不太合理,或缺乏说服承包人的依据,那么承包人有权就此向业主提出费用索赔。因此,监理工程师在协商和决定变更价格时,要充分熟悉和掌握工地情况和技术资料,并通过综合分析,合理判断,做到心中有数。

在实践中常用以下方法:

1)以合同单价为基础定价

该方法的特点是简单且有合同依据,但只有在原单价合理的情况下才会相对合理,当原单价不合理(有不平衡报价)时,该方法对增加的工程量部分的定价是不合理的。

2)以预算单价为基础定价

该方法的优点是有法律依据,产生的价格相对合理,能真实地反映完成变更工程的成本和利润。其缺点是不同的施工方案、施工方法会有不同的单价,另外该方法无法反映竞争的作用以及原有招标成果的作用,特别是当承包人有不平衡报价时,该方法会加剧总造价的不合理性。

3)采用加权定价法

该方法可以克服以上两种方法存在的不足,所确定的工程变更单价较为合理。

【例5-4】 设某合同中沥青路面原设计厚4cm,其工程量和标底单价(假设为预算单价)见表5-1。当承包人采用平衡报价或不平衡报价时,其报价结果有所不同。现假定路面在施工中由4cm厚变更为5cm,试用三种不同的方法分析变更后的路面单价。

工程变更单价分析表 表5-1

工程细目	单位	数量	标底		平衡报价		不平衡报价		备注
			单价(元)	金额(万元)	单价(元)	金额(万元)	单价(元)	金额(万元)	
路面(4cm)	万 m^2	18	40	720	36	648	32	576	投标阶段
变更路面(5cm)	万 m^2	18	50	900	45	810	40	720	第一种方法
变更路面(5cm)	万 m^2	18	50	900	50	900	50	900	第二种方法
变更路面(5cm)	万 m^2	18	50	900	46	828	42	756	第三种方法

分析:(1)以合同单价为基础定价时,变更后路面的单价为:变更后的厚度 ÷ 原厚度 × 原单价。具体计算结果填于表中。

(2)以预算单价为基础定价时,变更后路面的单价为:$5 \div 4 \times 40 = 50$(元/m^2)

(3)采用加权定价法时,变更后路面的单价为:原单价 + 新增工程部分的预算单价。即原单价 $+ 50 \div 5$,具体计算结果填于表中。

从上例可以明显地看出三种方法各自的优缺点。当采用平衡报价时,用第一种方法确定的结算总价为810万元,该价格的不合理之处在于,对增加的路面(1cm)工程量同样要求承包人向业主让利10%,而承包人在投标及签约时并未作此承诺;而采用第二种方法结算时,其结算总价为900万元,该价格的不合理之处在于,由于采用路面的预算单价作为结算价,使得承包人在投标及签约时作出的让利10%的承诺没有真正执行。

当采用不平衡报价时,用第一种方法确定的结算总价为720万元,该价格的不合理之处在于,对增加的路面(1cm)工程量同样要求承包人以低于标底20%的水平结算,而承包人在投标及签约时并未作此承诺;当采用第二种方法结算时,其结算总价为900万元,该价格的不合理之处在于原合同路面(4cm)的降价和不平衡报价因素使得路面单价偏低的现象被新确定的路面单价完全消除,不仅不能使投标竞争所产生的积极成果发挥作用,反而因不平衡报价因素而提高了结算价格,使合同的总结算价超过标底价。

第一种方法与第二种方法均存在不足,合理的定价方法是在考虑路面(5cm)的单价时,在保持原有报价不受实质影响的前提下,对新增工程部分按预算方法定价,以此加权确定路面的单价,即第三种方法。

3. 当单项工程变更规模超过合同规定的某个范围时,对超出部分单价的调整

在前述单价确定原则中,第(3)条实际上是合同履行的公平性与可操作性的有机统一。就合同的严肃性及可操作性而言,变更工程原则上应按合同中的相应单价来执行,但如果合同中存在不平衡报价,则单价与成本相比会显得偏高或偏低。此时当工程变更规模超过合同规定的某个范围时,继续采用原单价会有悖公平性甚至出现显失公平的现象,所以此时单价应进行修订或调整。下面通过示例进行说明。

【例 5-5】 设有一合同其总价为 1 亿元,其中土方工程量为 100 万 m^3,合同金额为 1000 万元。从成本和利润分析可知,承包人完成 100 万 m^3 土方的合理单价为 10.5 元/m^3,其中:直接成本 8 元/m^3;间接成本 2 元/m^3;利润 0.5 元/m^3。在施工中,由于设计变更而使得土方实际数量达到 150 万 m^3,试问增加的 50 万 m^3 怎样计价?

分析:该变更符合单价确定原则中第(3)条的条件:

第一,土方工程项目的合同金额为 1000 万元,超过合同总价(1 亿元)的 2%;

第二,土方工程项目变更后的工程实际数量超过工程量清单中所列数量的 25%。

所以土方的单价可以进行调整,但是否一定要进行调整,则应分析工程量清单中土方的单价是否真实反映了承包人为完成变更工程所需要的成本和利润。

由于多种原因,承包人的报价可能出现三种情况:

第一种情况:10.5 元/ m^3 及以上,即报价等于或高于合理单价;

第二种情况:10 元/ m^3,即报价中采取了让利策略,利润为 0;

第三种情况:8 元/ m^3 甚至更低,即采用了不平衡报价,此时单价为亏损价。

对于第一种报价,由于工程量的增加,承包人会增大规模效益,其增加部分的直接成本和间接成本均会降低,因此,对超出 25% 部分的增加工程量计价时,原清单单价应予以降低,当单价因不平衡报价而超出 10.5 元/ m^3 时更应如此。

对于第二种报价,尽管承包人未承诺对变更工程继续让利,但由于规模经济性会使得承包人的施工成本下降,承包人在完成变更工程中,可以从规模效益的增加中获利,因此其单价可维持不变。

对于第三种报价,由于其单价为亏损价,因此继续使用合同单价对超出 25% 部分的增加工程量计价是不公平的,宜采用 10.5 元/m^3 或 10 元/m^3 的价格对超出 25% 部分的变更工程进行计价。

本例中由于合同中土方单价为 10 元/m^3,即承包人在报价中采取了让利策略,其利润为 0。但由于规模经济性会使承包人从中获利,因此,其单价应维持不变。

【例 5-6】 某项目 D 合同段合同总价为 4000 万元,其中有一座下穿铁路的顶进桥,由于原设计考虑不周,不能满足工程施工以及铁路部门的需要,因此业主提出对原设计进行变更。该顶进桥原设计及变更后的主要工程数量如表 5-2 所示。经监理、业主、承包人协商,决定变更估价采用加权系数法,单价调整采用系数扩大法(该扩大系数经计算为 1.24604)。试计算变更后的费用。

解:(1)采用加权系数法计算新设计的总价:

新设计的总价为:

$1083936 \times (0.4466 \times 1632 \div 1383 + 0.4128 \times 202.3 \div 124.3 + 0.0232 \times 4.49 \div 6.13 +$

$0.0625 \times 7520 \div 6450 + 0.0388 \times 2880 \div 2880 + 0.0161 \times 10 \div 5) = 1473835$（元）

某顶推桥梁工程变更情况表

表 5-2

项目＼内容	原设计				新设计
	数量	单价（元）	金额（元）	权重系数	数量
混凝土（m^3）	1383	350	484050	44.66%	1632
钢筋（t）	124.3	3600	447480	41.28%	202.3
钢板（t）	6.13	4100	25133	2.32%	4.49
开挖土方（m^3）	6450	10.5	67725	6.25%	7520
填筑土方（m^3）	2880	14.6	42048	3.88%	2880
顶推设备（套）	5	3500	17500	1.61%	10
合计（元）			1083936	100%	

（2）计算工程变更费用：

该项目净增费用为：$1473835 - 1083936 = 389899$（元）

（3）判断该变更单价是否需要调整：

①该工程项目的合同金额占合同总价的百分比：

$$1083936 \div 40000000 \times 100\% = 2.71\% > 2\%$$

②该项目变更后的实际工程数量超过工程量清单中所列数量的百分比：

$$389899 \div 1083936 \times 100\% = 36\% > 25\%$$

该变更符合单价确定原则中第（3）条的条件，所以可对超出25%的部分调整单价，单价调整采用业主、监理工程师和承包人三方面协商同意的系数扩大法。

（4）确定最终工程变更费用：

可予调整的部分为：　$1473835 - 1083936 \times (1 + 25\%) = 118915$（元）

超出25%的部分调价后的金额为：　$118915 \times 1.24604 = 148173$（元）

则变更后的新总造价为：　$1083936 \times (1 + 25\%) + 148173 = 1503093$（元）

变更后净增费用为：　$1503093 - 1083936 = 419157$（元）

五、工程总价的变更与控制

根据FIDIC通用条件和《公路工程国内招标文件范本》的规定，按工程变更单价原则确定出来的造价，并不一定是变更工程的最终造价。如果在签发交工证书时，发现合同价格的增加或减少总共超过"有效合同价格"的15%（这里的"有效合同价"是指扣除暂定金额后的合同价格），这种总额超过或减少15%或以上是产生于：

（1）根据工程变更单价确定原则第（1）、（2）、（3）条作价过的全部变更的工程累计结果；

（2）根据实际计量对工程量清单中的估算工程量所作的一切调整（但不包括暂定金额、计日工和物价因素价格调整）。

如果发生这种情况，监理工程师应与业主和承包人协商后确定一笔管理费调整额，从合同价格中扣除或加到合同价格上。这笔调整金额仅限于增加或减少超过有效合同价15%的那一部分款额（如为正值，管理费向下调；如为负值，则向上调）。中小型项目，如项目专用条款另有规定,可不考虑此项调整。

工程量调整与变更过多,累计超过 15%,意味着工程规模的扩大或缩小,直接费随之调整了,但单价中还包含一些间接费(如预制厂、加工场)并未因工程规模增大而扩大,只是增加了利用率,但也随着工程量增加而上调,承包人因此而受益;反之,又会因工程量大量削减而吃亏,所以才有这一条管理费的调整。客观地讲,15% 是一个经验数值,可理解为承包人在投标时考虑了各种风险并留有一定余地的临界值。因此,当变更小于 15% 时,承包人有责任也有能力分担。但如果突破这一界限,承包人将难以承受,应由业主和承包人共同分担。若强制由承包人一方承担,合同条件不列变更条款,无疑将给业主招标和承包人投标带来很大的困难。

在一个项目的实施过程中,各种工程细目的变更会经常发生。监理工程师必须认真分析和计算每一个工程细目的变更费用,才能控制好变更总额。鉴于上述理由,监理工程师必须力争把变更规模控制在有效合同价格的 15% 以内,不然的话,调整工作难度极大,即使 FIDIC 合同条件和《公路工程国内招标文件范本》也没有对超出 15% 范围以外的费用调整给出可操作的模式。

•第二节　索赔费用支付•

一、概　　述

1. 索赔的含义

所谓"索赔",顾名思义有索取赔偿之意,是指当事人一方在合同实施过程中,根据合同及法律规定,对并非自己的过错,而是属于对方的过错或对方的风险责任所造成的实际损失,凭有关证据向对方提出给予补偿要求的过程。广义的索赔包括承包人向业主的索赔和业主向承包人的索赔(又称为反索赔)。FIDIC 合同通用条件和《公路工程国内招标文件范本》第 53 条规定的索赔专指承包人向业主的索赔。而业主对承包人的索赔已经具体地体现在合同条件中。例如,承包人完成的工程实体质量不合格,合同条件中就要求承包人自费纠正,这实质上就是承包人对业主的一种赔偿;另外,业主也可直接向承包人进行资金形态的索赔,如履约保证金和保留金等,已在合同条件中作出了明确的规定,因而省去了业主向承包人提出索赔要求这一环节,一旦承包人违约,监理工程师就为业主直接扣留保证金和保留金。也就是说,无论什么原因,承包人必须提供合格产品,即使在施工过程中业主没有履行自己的责任和义务,承包人也无权提供次品,他只能向业主提出索赔要求。由此可见,建筑施工索赔主要表现为承包人向业主的索赔。

对于建筑工程施工合同来说,由于建筑施工生产和工程承包市场的特殊性,施工索赔包括两个方面,其一是对额外所消耗资源的索赔,即费用索赔;其二是对时间的索赔,就建筑工程施工生产而言,体现为延期。本节主要讨论费用索赔,并且只涉及索赔费用的计算和支付方法。"费用索赔"的含义是:承包人根据合同的有关规定,通过监理工程师,向业主索要合同价以外的费用,作为对自身经济利益的损失和影响的补偿。例如,由于业主的原因,承包人不得不暂停部分工程施工,在这种条件下,承包人便可以根据合同条件的有关规定,提出暂停工程期间人力、机械设备的闲置和管理费以及其他相关的费用索赔。

2. 索赔的特征

从 FIDIC 合同通用条件和《公路工程国内招标文件范本》的规定中可以看出，索赔具有以下几个本质特征：

(1) 索赔是要求给予赔偿的权利主张；

(2) 索赔的依据是合同文件及适用法律的规定；

(3) 承包人自己没有过错；

(4) 事件的责任应由业主(包括其代理人或监理工程师)承担；

(5) 与合同标准相比较已经发生实际损失(包括工期及经济损失)；

(6) 必须有切实的证据。

3. 索赔的类型

FIDIC 合同通用条件和《公路工程国内招标文件范本》中承包人可用于索赔的条款很多，按这些索赔引发的原因不同，大致可分为四大类型：第一类是业主过错引起的索赔；第二类是监理工程师过错或责任引起的索赔；第三类是合同变更特别是工程变更引起的索赔；第四类是不可预见因素引起的索赔。详见表 5-3。

索赔分类表　　表 5-3

分　类	类　型
业主过错引起的索赔	1. 未按合同规定和承包人合理的工程进度计划，提供对现场的占有权和出入权； 2. 未按规定向承包人付款； 3. 延误提供图纸； 4. 提前占用或使用永久性工程区段而造成损失或损害； 5. 因工程设计不当而造成的损失或损害； 6. 违约使合同中途终止
监理工程师过错或责任引起的索赔	1. 延误签发图纸、指令； 2. 负责提供的书面数据不准确； 3. 要求进行合同中未规定的检验
合同变更所引起的索赔	1. 工程变更原因造成工程延期或打乱了原计划； 2. 放样资料不准确； 3. 图纸、指令等的延误； 4. 额外试验与检查
不可预见因素引起的索赔	1. 异常恶劣的气候条件； 2. 外界障碍(化石、古物、地下建筑等)； 3. 战争入侵、叛乱、暴乱等； 4. 通常无法预测和防范的任何一种自然力

4. 索赔成立的基本条件

(1) 承包人按 FIDIC 通用条件和《公路工程国内招标文件范本》的规定提交了索赔意向书和索赔报告。

(2) 报告引用的合同条款正确，所报时间符合索赔条件；所报事实真实，资料齐全。

(3)索赔费用在合同中未被包括(合同中明示或暗示的不予支付,包括在其他支付项目中的不予索赔)。

(4)承包人准备工作已经完成,具备开工条件,组织安排合理,待工人员、停滞设备确已进场,并在此期间无法另行安排。

根据FIDIC通用条件和《公路工程国内招标文件范本》的规定,如果承包人的费用索赔申请事实成立,承包人应在合同规定的时间内送交监理工程师一份拟索赔款额的详细账目,并说明索赔所依据的理由。

5. 监理工程师在处理费用索赔时的注意事项

由于费用索赔直接涉及到业主和承包人双方的经济利益,所以他们对此都十分重视。尽管合同条件中的费用索赔条款保护了承包人合理的经济利益,然而一些有经验的承包人也会利用费用索赔条款,提出一些投机性的、不符合合同规定的费用索赔项目或大幅度提高费用索赔额。甚至一些承包人采用低标价、高索赔的投标策略,以获得中标资格。从业主角度来说,为了控制工程总投资,总是不愿意接受各种索赔,甚至是合理的费用索赔。大量的工程实践证明,处理索赔费用支付是一项极复杂而又棘手的工作,因此,监理工程师在处理费用索赔时应注意下列事项:

(1)站在独立、公正的立场上,按照合同文件的规定及时地对费用索赔作出合理的审查和裁决,不得倾向任何一方。

(2)注意资料的收集,全面掌握合同条件、技术规范和现场实际情况,做到处理索赔时以充分的事实和数据为依据。

(3)熟悉承包人关于索赔费用计算的每一个细节并能对其合理性做出准确的判断。

(4)加强主动监理,减少工程索赔。

二、索赔费用的项目构成及计算原则

1. 索赔费用的项目构成

工程索赔的费用项目是用来计算索赔额的费用内容,与合同报价包含的内容相似,主要包括:人工费、材料费、机械使用费、管理费及其他费用。表5-4列出了常见的几种索赔情况的费用构成。

2. 索赔费用项目的计算原则

1)人工费

(1)停工及窝工的人工费:

①合同中规定了计算方法的,原则上按合同中规定的计算方法计算;

②合同中未规定计算方法的,可以参考计日工单价、人工费预算单价、当前的人工工资水平来计算。

在此基础上确定停工及窝工费的工日单价并根据实际的停工及窝工时间进行计算。其中停工、窝工时间中应根据工程的不同性质扣除雨水天气所占用的时间。

(2)增加的人工费:

由于增加了合同以外的工程内容,或由于业主原因造成工程拖延,致使承包人多用了人工或者延长了工作时间,则承包人有权向业主要求补偿人工费的损失。其计算方法是:工资单价×人工数×应赔偿(或延长)的天数。经累加后,即为要求赔偿的人工费。

常见索赔的费用项目构成分析 表5-4

索赔事件	可能的费用损失项目	有关说明
延期后的索赔	人工费增加	包括工资上涨,现场停工、窝工,生产效率降低,劳动力使用不经济的损失
	材料费增加	因延期出现材料价格上涨
	机械使用费增加	因延期引起设备折旧费、保养费、租赁费等增加
	管理费增加	包括现场管理费和总部管理费的增加
	物价上涨	因工期延长期间物价上涨使原工程成本增加
	利息增加	因延期造成银行贷款、其他方式筹资款利息的增加
业主指令工期提前	人工费增加	因抢工超合同投入大量劳动力致使工效降低造成损失
	材料费增加	因抢工不经济地使用材料或材料运费等增加
	机械使用费增加	增加大量机械,超合同地使用机械、停班多,费用增加
	管理费增加	临时增加人员、临时宿舍费、加班费、差旅费、生活补贴、管理人员等增加
	利息增加	因抢工临时增加贷款、增加流动资金,银行利息增加
工程中断	人工费增加	留守人员工资,人员遣返和重新招募费用,对工人的赔偿金
	机械费增加	设备停置费、额外设备进出场费、设备租赁费用等
	租赁设备费	
	利息增加	因工程中断造成银行贷款、其他方式筹资的利息增加
	总部管理费	因工程中断造成公司总部管理费用增加
	其他支出	如因工地重建而产生的部署、调遣费等
工程变更	工程量增加	变更工程的计价按工程变更的有关规定来处理,工程变更引起的工程中断及延期后的费用索赔按前述规定执行
	附加工程	
	工程的性质、质量、类型改变	

2)材料费

(1)材料积压损失费:

① 合同中已支付材料预付款的,原则上不考虑材料积压损失费;

② 合同中未支付材料预付款的,可根据材料费价格及积压材料的费用总额计算其利息;

③ 对于使用时间有要求的材料,当材料积压时间太长时,应根据实际情况考虑材料超过使用期限后报废的损失。

(2)增加材料的费用:

由于业主修改了工程内容,或需要重新施工制作,致使工程材料用量增加,则承包人可向业主提出材料费用索赔。其计算方法是:(实际使用的材料数量 - 原来材料数量)×所使用材料单价,由此就可以求出增加材料的费用。

3)机械费

(1)机械设备停置费:

①合同中规定了计算方法的，原则上按合同中规定的计算方法计算；

②合同中未规定计算方法的，可参考下列公式计算：

机械停置费台班单价 =（折旧费 + 大修理费）× $\alpha\%$ + 机上人员工资 + 养路费及车船使用税。

其中，折旧费、大修理费是指机械台班费用定额中每台班的折旧费和大修理费，$\alpha\%$ 为机械设备的使用率，查有关规定执行。机上人员工资按停工、窝工人工费的计算方法确定；养路费及车船使用税可查有关定额或规定。

③施工单位租赁机械，可在出具租赁合同后，根据租赁价格扣除燃料费后确定其停置费。

（2）增加机械设备的费用：

首先计算机械工作时间的增加量，即：原有各种机械比预定计划所增加的工作时间（或台班）；新增加各种机械和数量的工作时间（或台班）。其次，将求得以上各种工作时间的增加量乘以合同规定单价或台班单价。最后，将不同种类机械费用累计，就可以计算出机械的索赔金额。

4）管理费

（1）可根据实际情况由业主、监理工程师、承包人协商确定（主要考虑现场管理费）。

（2）按辅助资料表之单价分析表中的管理费比例，测算管理费占合同总价的比例，确定合同总价中的管理费总额，再根据项目合同工期测算承包人每天的现场管理费总额，最后根据增工、停工或窝工时间确定索赔事件期间所发生的管理费总额。

5）延长工期后的费用

（1）当合同规定由承包人办理工程保险时，工程保险费追加可根据保险单或调查所得的保险费率来确定保险费用。

（2）承包人临时设施维护费，如已包含在现场管理费中，则不另行计算，否则可根据延长时间由业主、监理工程师、承包人协商确定维护费用。

（3）当合同规定临时租地费由承包人承担时，延长期间的临时租地费可根据租地合同或其他票据参考确定。

（4）临时工程的维护费可根据临时工程的性质及实际情况由业主、承包人、监理工程师协商确定。

6）延期付款利息

根据投标书附件中规定的延期付款利率和延期付款时间按单利法或复利法进行计算。

7）赶工费

为抢工期而增加的周转性材料增加费、工效和机械效率降低费、职工的加班费、不经济地使用材料等赶工费由业主、承包人、监理工程师根据赶工的工程性质和当时当地的实际情况协商确定。

8）利润

对于不同性质的索赔，取得利润索赔的成功率是不同的。一般来说，由于工程范围的变更和施工条件变化引起的索赔，承包人是可以列入利润的；由于业主的原因终止或放弃合同，承包人除有权获得已完成工程款外，还应得到原定比例的利润。而对于工程延误的索赔，由于利润通常是包括在每项实施的工程内容的价格之内的，而延误工期并未影响、削减某些项目的实施而导致利润减少，所以，一般监理工程师很难同意在延误费用索赔中加进利润损失。索赔利润款额的计算通常是与原报价单中的利润百分率保持一致。即在索赔款直接费的基础上，乘以原报价单中的利润率，即为该项索赔款中的利润额。

三、索赔金额的计算

1. 计算原则

当索赔成立时，其关键的工作就是确定索赔费用的金额。费用索赔以补偿和赔偿实际损失为原则。实际损失包括：

(1)直接损失：承包人财产的直接减少，常表现为成本的增加和费用的超支。因不可抗力因素或不可预见事件产生的损失，业主往往只补偿直接损失。

(2)间接损失：因业主及其代理人违约等原因，使承包人获得的利润或其他利益减少，业主往往还要赔偿这部分损失。

在索赔金额的计算中还必须考虑要扣除由于承包人自己责任造成的损失和承包人应承担的风险。

2. 计算方法

1)分项法

分项法是按每个索赔事件所引起损失的费用项目分别分析计算索赔金额的一种方法。在工程实践中，绝大多数工程的索赔都采用分项法计算。分项法计算分三个步骤：

(1)分析每个或每类索赔事件所影响的费用项目；

(2)计算每个费用项目受索赔事件影响后的数值，通过与合同价的费用值进行比较，即可得到该项费用索赔值；

(3)将各费用项目的索赔值汇总，得到总费用索赔值。

分项法中索赔费用主要包括该项工程施工过程中所发生的额外的人工费、材料费、机械使用费、相应管理费，以及应得的间接费和利润等。

2)总费用法

总费用法又称总成本法，就是当多次发生索赔事件后，重新计算出该工程的实际总费用，再从这个实际总费用中减去投标合同价，即为索赔金额。其计算公式为：

$$索赔金额 = 实际总费用 - 合同价$$

这种计算方法的缺点，一是实际总费用中可能包括了承包人自身原因(如管理不善等)而增加的费用；二是使承包人的低价中标无形中得到补偿。因此，只有索赔较多难以计算索赔费用时才采用这种方法。

3)修正的总费用法

修正的总费用法是对总费用法的改进，即在总费用计算的原则上，去掉一些不合理的因素，使其更合理。修正的内容如下：

(1)将计算索赔款的时段局限于受到外界影响的时间，而不是整个施工期；

(2)只计算受影响时期内的某项工程所受影响的损失，而不是计算整个施工期内所有施工工作所受的损失；

(3)与该项工作无关的费用不列入总费用中;

(4)对投标报价费用重新进行核算。用受影响时期内该项工作的实际单价,乘以实际完成的该项工作的工作量,得出调整后的报价费用。

修正后的总费用,有了实质性的改进,准确程度已接近于实际费用。其计算公式为:

索赔金额 = 某项工作调整后的费用 - 该项工作的合同费用

四、索赔费用的审核

虽然承包人在索赔报告中已有索赔费用的计算,但绝大部分的承包人有意将索赔费用算得很高,以期获得更多的额外费用,有些承包人甚至将由于自身管理不善所造成的损失也计算到索赔费用中来。因此,监理工程师必须严格审核索赔费用,这对监理工程师来说是一项繁重的工作。费用索赔的审核主要包括三方面,即索赔费用项目与工程量的审定、单价与费率分析及计算审查。

1. 索赔费用项目与工程量的审定

监理工程师应对承包人所申报的各个费用项目进行逐项分析和审查,以确认哪些费用项目确实与有效的索赔有关,哪些无关,对有关的费用项目应分析其内容和数量是否准确。主要步骤如下:

(1)仔细分析和阅读监理工程师的原始记录。如工地日志、监理工程师日记、计量与支付报表及有关记录等。凡是没有事实依据,与有效的费用索赔无关以及承包人自身管理不善造成损失的工程量均不予考虑。

(2)仔细分析承包人的记录。合同条件中要求承包人在提出索赔意向书后,对事件的发生进一步做好当时记录,因为这样的当时记录对承包人发出的索赔意向来说可能是合理的,且可能是相当重要的补充资料,因此,监理工程师应该对此进行全面分析。

(3)现场核查。根据上述两个方面的记录,监理工程师应指派合格人员到施工现场对重点内容进行核查,以便进一步作出判断。

(4)综合分析。根据两个方面的记录和现场核查结果,按合同文件有关规定进行综合分析,确定出索赔的费用项目和相应的工程量。应当注意的是,对那些已根据监理工程师指令采取过措施的工程细目,其索赔费用应作出必要的折减,特别是如果监理工程师曾经发出过正确合理的指令,而承包人没有执行,则该措施所涉及的索赔数量不予考虑。

2. 单价与费率分析

承包人提出索赔时,一般会附上工程项目方面的资料和单价与费率方面的资料,监理工程师应详细审查这些资料,从中找出与索赔有关的依据。一般来说,大部分的费用索赔不包括利润,有时甚至不包括管理费,而承包人的报价单中的价格一般都采用投标时的价格,基本都包含了管理费和利润,即利润和各种间接费在报价时已按一定的方式摊入了单价。因此,在计算索赔费用时,不能照搬报价单中的单价和费率,而必须对它们进行认真分析。另外,在施工过程中,由于现场的实际情况可能不同于报价时的情况,所以必须在全面了解承包人在投标报价时各种费用的计算依据和所考虑的因素的基础上,分析承包人在计算索赔费用时所用单价和费率与其在报价时所用单价和费率的差别,从而根据索赔费用项目的计算原则和索赔金额的计算方法来重新确定单价与费率,计算索赔费用。

3. 计算审查

监理工程师对承包人的索赔费用计算，应进行详细的审查。首先，应对承包人的计算原则、计算方法进行分析和审查，看其是否符合合同的规定和要求；其次，是检查承包人的计算有无算术错误。在许多情况下，承包人的索赔费用计算往往存在算术错误，监理工程师在审查时，对此要足够重视。当然，审查的重点应是看其计算原则和方法是否符合合同的有关规定和要求。

五、索赔费用的支付

当索赔金额经计算确定后，就可作为承包人的应收款项，作为中期支付证书(或最终支付证书)中的一个支付项目支付给承包人。然而，往往由于各方对索赔的争议较大，所以许多索赔项目往往需要经历很长一段时间才能处理完毕，因此，如果出现整项索赔没有结案的情况，通常将监理工程师已经认可的那部分在中期支付证书中进行暂定支付，这种支付就是一项持续索赔的临时付款。不过，监理工程师必须依据《索赔时间/金额审批表》，首先签发索赔支付证明，并按有关规定将其列入中期支付证书或最终支付证书内予以支付，且必须按合同有关规定及《索赔时间/金额审批表》所确定的索赔金额支付。

由此可见，索赔的处理过程虽然比较繁杂，但是索赔费用的支付却十分简单。

六、索 赔 案 例

1. 合同图纸错误引起的索赔

【例 5-7】 某一项目在施工将完工时，监理工程师才发现，图纸上所示的一排水管没有注明尺寸，监理工程师立即将图纸上的错误纠正，并指示承包人按纠正的图纸上的尺寸敷设管道。承包人需要重新订购这种尺寸的管段。由于工期接近尾声，无其他工作可做，结果使一个专业队的安装人员被迫停工三周。承包人因此提出索赔要求。

分析：监理工程师不接受这项索赔要求，因为图纸没有注明尺寸，是承包人事前可以预见到的，承包人于投标时必须详细审阅图纸，应在当时或工程初期要求澄清。

2. 外界干扰引起的索赔

【例 5-8】 某合同由于业主没有解决土地使用者的补偿问题，当地农民阻扰小桥和涵洞工程施工。承包人提出索赔申请。

分析：监理工程师应接受这项索赔要求，因业主的原因而使承包人的施工受到了干扰，打乱了原施工计划，造成了人员、机械设备的窝工、停工。承包人应按程序进行索赔，提交相关实际费用文件，监理工程师分析审核后，与业主、承包人协商确定这笔索赔金额。

3. 因不可抗力事件引起的索赔

【例 5-9】 某地区因连续暴风雨而发生严重的洪水灾害，致使一条正在施工的公路发生如下损失：

(1)部分路基被洪水冲毁，估计损失为 500 万元；

(2)一座临时水泥库房中的水泥被暴雨淋湿，估计损失为 30 万元；

(3)部分临时设施被毁，损失 70 万元；

(4)工棚倒塌，致使现场的部分施工机械受损，损失 30 万元；

(5)施工过程中因原排水系统被破坏,致使公路沿线的农田被淹,估计损失为100万元;

(6)临时房屋倒塌造成承包人伤亡,损失20万元;

(7)工程被迫停工15d,停工、窝工和机械闲置损失50万元。

承包人就上述损失向业主提出索赔。

分析:根据FIDIC合同通用条件及《公路工程国内招标文件范本》的有关规定,上述各项损失应按表5-5处理。

索赔费用处理一览表 表5-5

序　号	受损项目	承担人	损失(万元)	合计(万元)
1	永久工程	业主	500	650
2	水泥材料	业主	30	
3	临时设施	业主	70	
4	停工、窝工和机械闲置损失	业主	50	
5	施工机械	承包人	30	150
6	承包人人员伤亡	承包人	20	
7	农田受淹	承包人	100	

即业主应承担被毁工程、水泥材料及临时设施的修复的损失以及停工窝工和机械闲置损失共计650万元;而施工机械受损、承包人人员伤亡、农田受淹造成的150万元损失应由承办人承担。

如果办理了建筑工程一切险,则业主遭受的"永久工程、水泥材料、临时设施"这部分损失可由保险公司按规定赔偿;如果办理了第三者责任保险,则承办人的"农田受淹"这部分损失可由保险公司按规定赔偿;另外承办人如果办理了人身意外伤害保险和财产保险,则其"人员伤亡和施工机械受损"这部分损失也可由保险公司按规定赔偿。

4.因暂时停工引起的索赔

【例5-10】 某高速公路的某合同段,原设计为桥路桥,即两边是高架桥,中间有980m路堤。在承包人施工期间,业主对此合同设计方案进行了变更,取消了980m的路堤段,改为高架桥,即全桥方案。但业主在此项变更尚在研究、并未取得有关部门的正式认可、且没有正式通知监理工程师的情况下,就向承包人提供了变更工程草图,承包人根据草图进行施工。当监理工程师得知这一情况后,于2004年7月18日正式下文通知承包人:凡没有按正常渠道受理和批准的变更令,任何未按合同文件施工的工程不能予以支付,且承包人应承担由此而带来的法律和经济后果。承包人接文后,暂停了这部分工程,并准备按原合同文件进行。此时,业主正式通知监理工程师,将对此段工程进行变更,希望暂停这部分工程的施工。据此,监理工程师于7月28日正式下达停工令。9月20日在业主变更方案获得批准后,监理工程师下达正式复工令。

由于上述原因,承包人根据合同条款第40条的规定,提出停工期间的费用索赔。承包人随费用索赔申请书附上了有关的文件、票据和详细的费用计算书。承包人称他7月18日收到监理工程师的文件后就停止了施工，至9月21日收到复工令，停工时间65天。索赔金额为2288047.57元，汇总于表5-6。

承包人索赔费用汇总表 表5-6

名称及规格	数 量	单 位	金额(元)	备 注
1. 误工费	1	d	2176.80	
2. 机械停置费	1	d	11409.20	
3. 水电费	1	d	157.50	
4. 贝雷租金	1	d	300.00	
5. 履约保函费	1	d	520.30	
6. 工程咨询费	1	d	3624.30	
7. 管理费	1	d	5462.12	
日计	1	d	23650.22	上述各项之和
合计	65	d	1537264.30	23650.22 ×65
8. 其他直接费			150783.27	
9. 间接费			600000.00	
总计			2288047.57	

具体计算过程如下：

1）误工费(2 176.80元/天)

2004年8月份我二分部共有生产工人120人，实际支付的生产工人工资总额为人民币65304元(包括超产奖5000元)，平均每人每天的工资费用为65304÷120÷30=18.14元。每天的误工费为18.14×120=2176.80元。

2）机械停置费(11409.20元/天)

由于施工场地及计划安排的闲置，上述人员、机械均不能转移到别处工作。

3）水电费(157.50元/天)

①二分部水费：2004年6月1日～9月30日共缴纳水费3717.6元，平均每天为：

3717.6元÷120天=30.98元

②二分部电费：2004年6月1日～9月30日共缴纳电费12688.8元，平均每天为：

12688.8元÷120天=105.74元

③经理部水电费：2004年6月1日～9月30日共缴纳水电费2493.6元，平均每天为：

2493.6元÷120天=20.78元

水电费总计为： 30.98+105.74+20.78=157.50(元/天)

4）贝雷租金

根据协议，贝雷片每天的租金为1元/片，共租300片，故贝雷租金为300元/天。

5）履约保函费

为提供履约保函，一次性支出手续费33960元，通过银行贷款的押金为6792500元，月息4.5‰。我部提供履约保函的实际费用为33960+6792500×4.5‰×36=1134315.00(元)，与数量清单101项相比平均每天超支(1134345.00－10500.00)÷36÷30÷2=520.30(元)。

6)工程咨询费

根据合同附表1外汇需要明细表,某外国公司的咨询费用总额为238000美元,按合同协议,外国公司将负责500项桩基部分的技术工作,时间为13个月,这样平均每天的费用为:

23800×(1-4.0%)÷13÷30×76%=445.24(美元)=3624.30元(比价为8.14)

这里4.0%为投标时的降价百分比,76%为该项费用的直接费部分。

7)管理费用

2004年8月份实际发生的管理费如下,计算公式为:二分部管理费+经理部管理费÷2

①工作人员基本工资:18337.82+10766.02÷2=23720.83(元)

②工资附加费:2733.82+699.79÷2=3083.71(元)

③办公费:6069.13+2536.50÷2=7337.38(元)

④差旅费:4960.00+1637.70÷2=5778.85(元)

⑤固定资产使用费:5241.35+10512.0÷2=10497.35(元)

⑥工具、用具使用费:7283.53+393.10÷2=7480.08(元)

⑦劳动保护费:7632.12+989.0÷2=8126.62(元)

⑧房产车船税:3000.00+700.0÷2=3350.00(元)

⑨职工教育经费:2839.50+1376.40÷2=3527.70(元)

⑩利息支出:26250.00(元)

⑪其他费用(包括业务招待费):3742.80+1936.50÷2=4711.05(元)

⑫公司管理费:60000.00(元)

以上合计:163863.57(元);平均每天:163863.50÷30=5462.12(元)

8)其他直接费

①索赔准备费:900.00(元)

②以上①至⑦项索赔金额为1537264.30元,我们在2004年9月21日复工后即应得到赔偿。但至2004年10月21日仍没有得到赔偿,应付利息:

$$1537624.30\times3.25‰\times30=149883.27(\text{元})$$

则其他直接费共计:149883.27+900=150783.27

③上述本息1537624.30+149883.27=1687147.57(元),应按3.25‰的月息计算每天利息为:1687147.57×3.25‰÷30 =182.77(元),直至索赔全部得到赔付为止。

9)间接费用

由于停工使得在停工期间应完成的工作量400万元被迫推迟至2006年进行。预计通货膨胀率将在15%左右,那么推迟施工所造成的损失为:4000000×15% =600000元。

分析:对于此项索赔,监理工程师应作如下评估:

(1)索赔所依据的合同条款　按照《公路工程国内招标文件范本》第40条的有关规定,此项费用索赔可以成立,且承包人已按合同要求,在监理工程师书面下达停工令后的21d之内提供了费用索赔意向书。故此费用索赔按合同要求被接受。

(2)停工期限　承包人主张停工时间应从2004年7月18日算起,但监理工程师认为,7月18日的指令是因为承包人未能按合同文件的要求进行施工才下发的,承包人应按合同所规定的图纸和监理工程师的指示进行施工。尽管承包人申述其未按合同规定的图纸施工是由于业主的原因,但本项费用索赔是根据合同条件第40条的规定,以监理工程师的书面停工令为准。故停工时间应以承包人正式收到的停工令和复工令的时间计算。经确认,承包人于2004年7月29日收到正式停工令,2004年9月21日收到正式复工令,因此批准的停工期限为55d。

在书面停工令下发之前的任何强制性停工不在本项费用索赔中考虑,承包人如认为有必要索赔时,可以另案提出。

(3)索赔费用的确定　监理工程师批准的索赔金额为:844394.65元,汇总如表5-7所示。

监理工程师审批的索赔费用汇总表　　表5-7

名　称	数　量	单　位	金额(元)	备　注
1.误工费	1	d	1945.20	
2.机械停置费	1	d	11409.20	
3.水电费	1	d	144.70	
4.贝雷租金	1	d	300.00	
5.管理费	1	d	1553.53	
日计	1	d	15352.63	上述各项之和
合计	55	d	844394.65	15352.63×55

具体审核计算如下:

①误工费:1945.20元/天。

2004年8月份二分部实际支付生产工人工资减去超产奖后为:60 304元,平均每人每天的工资为:60304÷120÷31=16.21元/人/天;每天的误工费为:16.21×120=1945.20元/天。

②机械停置费:11409.20元/天。

③水电费:144.70元/天。

a.二分部水费:2004年6月1日~9月30日共计122d,所以其水费为:

$$3717.6\div122=30.47\text{ 元/天}$$

b.二分部电费:12688.8÷122=104.01元/天

c.经理部水电费:因有两个分部,所以经理部所用水电费应除以2,即

$$2493.6\div122\div2=10.22\text{ 元/天}$$

所以总的水电费为:30.47+104.01+10.22=144.70元/天

④贝雷租金:按协议支付300元/天。

⑤管理费用:1553.53元/天。

承包人所报管理费中的第⑤、⑥、⑦、⑧、⑩、⑫项不符合有关规定,应予以扣除。则平均每天应支付的管理费为:

(23720.83+3083.71+7337.38+5778.85+3527.7+4711.05)÷31=1553.53元/天

⑥履约保函费、工程咨询费、其他直接费、间接费等均不符合合同条件规定的索赔条件,均不予支付。

以上索赔费用合计15352.63元/天,则总的索赔额为:

15352.63×55=844394.65元。监理工程师应就此通知承包人,并抄送业主。

•第三节　价格调整费用支付•

一、价格调整的必要性

在工程的施工过程中,必然要消耗大量的资源,而各种资源的价格又直接关系到工程费用的多少,因此,价格的变化必然对工程费用的增减产生直接的影响。倘若是国际工程,汇率的变化亦直接影响到工程的费用。此外,立法(后继法规)的变化,也是引起工程费用增减的主要因素之一。由于工程建设期一般都比较长,因此,在工程建设期内,上述诸因素对工程参与各方的影响是不可避免的,为了体现业主和承包人公平、合理地分担价格意外风险的原则,在施工过程中,常采取调整价格的方法,即对原来的合同价格按规定进行调整,以消除上述诸因素对工程费用的影响。

实行价格调整是国际竞争性招标项目的惯例,合同中列明的有关价格调整的条款,既保证了投标人报价时能够合理地计算标价并免除其中标后因为发生劳力或原材料等价格上涨而带来的风险,又保证了业主能够获得较真实和可靠的报价以及在工程决算时能在一个合理的价格水平上承受工程费用。一般来说,对于一年或更短时间内可以竣工的短期合同无需进行价格调整,但是,对于工期较长的合同则应考虑劳务、材料等价格上涨对工程成本的影响而予以调整。

二、合同条件中关于价格调整的规定

FIDIC 合同通用条件第 70 条第 1 款规定:在合同执行期间,随着劳务、材料或影响工程施工成本的任何其他事项的价格涨落而引起施工成本增减时,应根据合同专用条件规定的价格调整公式给予调整,将相应的金额加到合同价格上或从合同价格中扣除。

《公路工程国内招标文件范本》第 70 条第 1 款规定:除非合同专用条款另有规定,凡是合同预期工期在 24 个月以上者,在合同执行期间,由于人工和材料的价格涨落因素应对合同价格进行调整,调价时应按价格调整公式计算,每年进行一次调整。

对于工程规模不大,而工期稍微超过 24 个月的工程,招标文件的专用条款中可酌情规定采用下述变通方式:对于合同执行期间劳务、材料等价格上涨对工程成本的影响,承包人在编制投标文件时即应考虑确定一个"调价系数",并计人工程量清单中的各项目单价中,合同执行期间不再调整,风险自负。

三、价格调整费用计算的原则

价格调整费用的计算,按以下两个时期分别进行。

1. 投标阶段

如果在送交投标书截止日期前 28d 之后,国家或省(自治区、直辖市)颁布的法律、法令、规章或条例出现修改或变更,因采用上述法律、法令、规章或条例等致使承包人在履行合同中的费用产生变化,即应对其价格进行调整。价格调整的计算,应将投标截止日期前 28d 当日政府规定的价格与现行价格的差值加到合同价格中或从合同价格中减去,或将按投标截止日期前28d当日政府公布的物价指数与现行物价指数计算出的金额加到合同价格上或从合同价格中减去。

2. 施工阶段

可将承包人投标时认可的填入合同工程量清单中的价格与现行价格的差值分别加到工程量清单中,然后计算出调价金额,并加到合同价格中或从合同价格中减去。

如果承包人未能在投标书附录中写明的工期内完成本合同工程,则在该交工日期以后施工的工程,其价格调整计算应采用该交工日期所在年份的价格指数作为当期价格指数。但是,如果某种延期是经业主同意的,则在该延长的交工日期到期以后施工的工程,其价格调整计算应采用该延长的交工日期所在的年份的价格指数作为当期价格指数。

四、价格调整费用的计算方法

合同价格的调整,一般采用两种方法。

1. 票证法

票证法又叫基本价格法,是根据地方劳力和规定的材料等基本价格与现行价格之差进行调整的一种方法。施工过程中的价格调整额根据其资源消耗量与资源价格变化量的乘积来确定。即:价格调整额 = 资源消耗量×(现行价格-基本价格)。

这里的基本价格意指投标截止日前28d的材料等资源的价格,现行价格指在提交标书后,工程实施中材料等资源的价格。由于现行价格随市场升、降的不稳定性,将会给监理工程师处理价格调整带来不少的麻烦。因此,某一种材料可能在多次中期支付中都出现调整,有的可能往返出现多退少补的情况,甚至要到最终支付时才能最后解决调价费用计算。特别是证明价格的合法性文件,在遇到票据管理混乱时,会给监理工程师的审查工作带来极大的困难。

票证法看上去直观、简单,但操作起来却很困难。调整价格的对象、资源消耗量、基本价格、现行价格等四个要素的确定,在实践中都有一定的难度,可操作性较差。

2. 公式法

公式法又叫价格指数法,就是规定一种或几种固定的公式,把全部的合同价格分成若干组成部分,然后按各部分的价格指数进行综合调整的一种方法。所谓指数,是指某一个时期的数值对该数的基数之比。价格指数是用来表达某种价格上涨或下降的一种统计指标,一般由代表官方的权威机构发布。

公式法比票证法具有更好的操作性,因为公式法的数字均可从现有的合同中获得,而影响调价的基本数据——价格指数,一般又来自官方材料,公布指数的时间相对固定,比如我国目前由国家统计局每年公布一次,因而调价时间也就比较固定。这种方法易于被业主和承包人接受,而且监理工程师在处理价格调整费用时证据充分、方便可靠。我国《公路工程国内招标文件范本》中规定价格调整采用公式法。

1)外币(外籍劳务和进口材料等)的调价公式

$$ADJ = FCP \times \left(X_1 + a_1\frac{FL_1}{FL} + b_1\frac{EQ_1}{EQ} + c_1\frac{BI_1}{BI} + d_1\frac{TI_1}{TI} + e_1\frac{ST_1}{ST} + f_1\frac{MT_1}{MT} + \cdots - 1 \right) \quad (5\text{-}1)$$

式中:

ADJ——中期支付证书中外币部分的调价额;

FCP——中期支付证书中的外币部分;

X_1——支付中不进行调价部分所占的权重系数，$X_1 = 1 - (a_1 + b_1 + c_1 + d_1 + e_1 + f_1 + \cdots)$；

a_1、b_1、c_1、d_1、e_1、f_1——分别为支付中外籍劳务、进口施工机械的折旧与维修、进口沥青、进口木材、进口钢材、海上运输等费用所占的权重系数；

FL、EQ、BI、TI、ST、MT——分别为支付中外籍劳务、进口施工机械的折旧与维修、进口沥青、进口木材、进口钢材、海上运输等费用的基本价格；

FL_1、EQ_1、BI_1、TI_1、ST_1、MT_1——分别为支付中外籍劳务、进口施工机械的折旧与维修、进口沥青、进口木材、进口钢材、海上运输等费用的现行价格。

现将式中各项的价格来源说明如下：

(1)在价格调整公式中使用的价格，应是由政府部门或合同条款所指国家中正式认可的机构定期公布的价格。如果有关国家公布的上述某项价格不止一个，或者不是由一个正式认可的机构公布的，则所选用的价格应由监理工程师审查后报业主批准。

(2)基本价格，应为投标截止期所在月份的前一个月通行的价格。

(3)现行价格，应为出具中期支付证书前一个月通行的价格。

(4)承包人雇佣的外籍人员工资的价格(FL)，应为承包人原住国土木工程技术人员费用的价格。

(5)进口材料的价格(BI、TI、$ST\cdots$)，应为材料售出国土木工程通用的价格，这些国家应为投标书附件中列明的外币的发行国。

(6)如果承包人不是从第(5)项所述国家购买材料，而监理工程师认为其价格不合理时，则本合同中使用的价格应是第(5)项规定的国家的价格。

(7)进口施工机械的折旧与维修的价格(EQ)，是指在承包人所在国或承包人施工机械的主要部件产地的在土木工程中折旧与维修施工机械费用的官方价格，施工机械包括车辆、机械、工具备件等(包括移动式或固定式)。如果未获得此价格，则采用一定时间内提供各类混合施工机械的代价格。

(8)海上运输费用的价格(MT)，应是有关海运行业公认的价格，如果承包人履约时委托其他轮船公司运输，这些轮船公司的大部分产权应属于世行成员国。运费的调整可以使用海运工会现行价格，也可以使用承包人委托的轮船公司的价格，由监理工程师审查报业主批准。在这种情况下，承包人应向监理工程师提交一份使其满意的文件，列明其委托的轮船公司运费和海运工会运费的差异。

公式(5-1)可简写为如下公式，当合同中外币占一定比例时，外汇调整净值可按下式计算：

$$ADJ = FCP \times (C_0 + \sum C_i D_i - 1) = M\frac{P}{E} \times (C_0 + \sum C_i D_i - 1) \tag{5-2}$$

式中：ADJ——合同中外币部分调整价格的净值(美元)；

FCP——参与调价的阶段完成工作量金额的外币部分；

C_0——非调整因数，即支付中不进行调整的金额的权重系数；

C_i——参与调价的第 i 个工、料、机指标的费用占合同价的百分比(权重系数)；

D_i——第 i 个工、料、机指标的现行指数与基价指数的比值，其值大于1，说明物价上涨，反之说明物价下跌；

M——每月完成工作量的金额（人民币元）；

P——合同价格中的外汇比例；

E——外汇兑换率。

2）人民币（即国内劳务与材料等）的调价公式

我国《公路工程国内招标文件范本》规定，国内工程采用下式进行价格调整费用的计算：

$$TJE = ZFE \cdot ZH = ZFE\left(X + a\frac{RG}{RG_0} + b\frac{GC}{GC_0} + c\frac{SN}{SN_0} + d\frac{LQ}{LQ_0} + e\frac{JX}{JX_0} + f\frac{YL}{YL_0} + \cdots - 1\right) \quad (5\text{-}3)$$

式中：TJE——对年累计支付额的调价额；

ZFE——年累计支付额；

ZH——综合调价系数；

X——支付中不进行调价部分所占的权重系数，$X = 1 - (a + b + c + d + e + f + \cdots)$；

a、b、c、d、e、f、…——分别为人工费、钢材、水泥、沥青、机械使用费、燃油料费等其他材料费用在合同价格中所占的权重系数；

RG、RG_0——分别为人工费当期价格指数与基期价格指数；

GC、GC_0——分别为钢材当期价格指数与基期价格指数；

SN、SN_0——分别为水泥当期价格指数与基期价格指数；

LQ、LQ_0——分别为沥青当期价格指数与基期价格指数；

JX、JX_0——分别为机械使用费当期价格指数与基期价格指数；

YL、YL_0——分别为燃油料费用当期价格指数与基期价格指数。

在采用价格调整公式进行调价时，还应遵循以下规定：

（1）合同价格在投标所在年份不作调整，此后每年调整一次。

（2）公式中基期价格指数，指投标年份（即送交投标书截止期前28d的所在年份）的价格指数，计算时采用100。

（3）公式中的当期价格指数，采用本合同工程所在省（自治区、直辖市）统计部门正式公布的该计算年份的《建筑业产值价格指数》统计资料中各项相关的价格环比指数。

（4）权重系数由业主根据标底资料测算确定范围，在招标文件发出前填写；承包人应在投标时在此范围内填写各因素的权重系数，合同实施期间将按此权重系数进行调价，除非由于工程的实施、变更或其他原因，监理工程师认为某一因素的权重系数不合理或不适用，则权重系数应予以调整。

五、价格调整费用的支付

监理工程师根据合同规定的价格调整方式，计算出调价金额，并归纳于《价格调整汇总表》后，即可通过《中期支付证书》来办理因价格调整引起的费用支付。

六、综 合 算 例

【例5-11】　某高速公路项目，业主在招标文件的“投标须知”中声明，工程造价随物价变化而进行合同价格调整，投标人报价时以2003年市场物价为基础，不考虑物价风险，发生支付时全部按人民币支付；调价公式按《公路工程国内招标文件范本》中的公式执行。

第三标段各年的工作量为：2003 年 618 万元，2004 年为 4571 万元，2005 年为 2665 万元。各材料价格环比指数见表 5-8。试计算各年度价格调整额和价格调整结算额。

材料价格环比指数

表 5-8

序　号	指标名称	权重系数	2004 年价格指数	2005 年价格指数
1	人工	0.124	112	110
2	钢材	0.116	129	107
3	水泥	0.13	127	105
4	沥青	0.16	118	103
5	机械使用费	0.12	127	112
6	燃油料	0.1	130	115
7	其他材料	0.05	126	114
8	非调部分	0.2		

解：根据招标文件规定，当年完成的工作量不予调价，即 $TJE(2003)=0$；其他两年调价额分别为：

$$TJE(2004)=[4571\times(0.2+0.124\times112\div100+0.116\times129\div100+0.13\times127\div100+0.16\times118\div100+0.12\times127\div100+0.1\times130\div100+0.05\times126\div100-1)]=858.53(\text{万元})$$

$$TJE(2005)=[2665\times(0.2+0.124\times112\times110\div100\div100+0.116\times129\times107\div100\div100+0.13\times127\times105\div100\div100+0.16\times118\times103\div100\div100+0.12\times127\times112\div100\div100+0.1\times130\times115\div100\div100+0.05\times126\times114\div100\div100-1)]=726.77(\text{万元})$$

因此，本合同工程承包人在施工期间由物价因素引起的价格调整结算额为：

$$TJE(2003)+TJE(2004)+TJE(2005)=(0+858.53+726.77)=1585.30(\text{万元})$$

【例 5-12】 我国某一世行贷款项目于 2004 年 6 月招标并开工，投标单位测算的经业主确定的外汇比例为 35.5%，当年国家公布的外汇兑换率为 1∶8.14。已知 2005 年 6 月份完成的工作量为 5152365.5 元，经测算 8 个调价指标的权重系数合计为：$\sum C_i=0.85$，监理工程师确定的 8 个指标的综合调价系数为：$\sum C_iD_i=0.96$，试计算 2005 年 6 月份的外汇调整净金额。

解：(1) 计算非调价因素 C_0：

$$C_0=1-\sum C_i=1-0.85=0.15$$

(2) 根据公式(5-2)计算 2005 年 6 月份的外汇调整净金额：

$$\begin{aligned}ADJ&=M\times P/E\times(C_0+\sum C_iD_i-1)\\&=5152365.5\times0.355\div8.14\times(0.15+0.96-1)\\&=24717.43(\text{美元})\end{aligned}$$

则 2005 年 6 月份的外汇调整净金额为 24717.43 美元。

•第四节 合同终止和工程停工后的支付•

任何一个工程项目,在施工过程中都将遇到各种各样的意外。在工程实施中所遇到的各种意外,可归纳为工程意外和外部意外两大类。属于工程意外的主要有:设计意外(变更设计)、合同意外(合同因承包人被驱逐或承包人自动撤离而终止)、工程管理意外(由于监理工程师工作失误等)、施工实施条件意外(如工程地质变化、发生施工事故等)等;属于外部意外的主要包括:价格、汇率变化、法规变更、特殊风险等。

上述两种意外,既相互联系,又相互渗透。从本质上讲,外部意外是一种根本性的意外,是超出工程本身范围以外的意外,无法由工程的参与者进行控制;而工程意外亦往往由于外部意外的发生而发生,故其处理也较为困难。

工程在施工过程中出现的意外具有偶然性,事前难以预见,因而无法在工程量清单中明确,而只能由合同条件作原则性规定。工程施工过程中出现的每一种意外的处理,几乎都与费用支付有关。因此,为了严格控制和减少各种意外所造成的损失,监理工程师必须当机立断并妥善地处理好所发生的每一种意外,以有效地控制工程费用和确保工程顺利进行。一般情况,对意外费用的支付常采取各方共同负担、公平支付的原则。并且,意外费用的支付属于损害赔偿性质,除工程变更项目外,一般不包括利润,而只支付成本。下面对合同终止和工程停工这两种意外的费用支付问题进行讨论。

一、合同终止后的支付

当工程意外十分严重时,将导致合同终止。合同一旦终止,应进行全面清理,以确定费用如何支付。合同终止主要是由以下三方面的原因引起的:即特殊风险、承包人违约和业主违约。

1. 特殊风险导致合同终止的支付

如果在合同执行过程中,发生了《公路工程国内招标文件范本》第 65 条第 1 款所列的特殊风险,并且这种特殊风险的发生对本工程施工有重大实质性影响而不可能继续履行合同,在这种情况下,业主应有权通知承包人终止合同。一经发出此通知,本合同即告终止,但不损害双方中任何一方对另一方在此以前发生的任何违约所应有的权利。此时监理工程师应与承包人协商并报业主批准后,进行下列款项的支付:

(1)应向承包人支付合同终止之日前已完成的全部工程的费用,其范围限于在已给承包人的暂付款中尚未包括的款额与款项,其单价和总额价应按合同的规定执行。

(2)应向承包人支付在工程量清单中第 100 章驻地建设等总额支付细目的应付款额,只要这些细目的工作或服务已经进行或履行,或其中的工作或服务已经部分履行了的相应比例的费用。

(3)已经交付承包人或承包人有责任收货的,为本合同工程合理订购的材料、设备或货物的费用,业主一经支付此项费用,该材料、设备或货物即成为业主的财产。

(4)作为已合理开支的、确实属于承包人为了完成本合同工程而预期开支的任何款项,而该项开支还没有包括在本款提及的各项其他支付之内。

(5)根据第65.3和65.4款规定应支付的任何附加款项。

(6)根据第65.6款规定撤离承包人装备的合理开支部分。

(7)承包人的员工在合同终止时的合理遣返费。

但业主有权要求承包人偿还各项预付款的未结算余额,以及在合同终止之日,按合同规定应由业主向承包人收回的任何其他款额。

2. 承包人违约导致合同终止的支付

《公路工程国内招标文件范本》第63条第2款明确规定:如果根据我国法律,认为承包人已经强制性破产、企业清理或解散(为合并或重组而进行的自动清理除外),或承包人已经违反第3.1款关于禁止转包的规定,则业主可以进驻现场和接管本工程,终止承包人在合同项下的承包,但不因此解除合同规定的承包人的任何义务和责任,或影响合同赋予业主或监理工程师的各种权利和权限,业主可自行完成该工程,或雇佣其他承包人完成该工程。业主或上述其他承包人为了完成合同工程,可以使用他们认为合适数量的承包人的装备、临时工程和材料。

在业主进驻现场和终止合同之后,监理工程师应通过协商和调查询问之后,尽快地确定并认证:

(1)在业主进驻现场和终止合同时,承包人根据合同实际完成的工程已经合理地得到的或理应得到的款额(如有);

(2)未使用或部分使用过的任何材料、承包人装备和临时工程的价值。

在业主因承包人违约而终止承包人在本合同项下的承包情况下,业主将暂停向承包人支付任何款额;在本工程缺陷责任期满之后,再由监理工程师查清承包人实施和完成本工程与缺陷修复应结算的费用,应扣除的完工拖期违约损失偿金(如有)以及由业主已实际支付给承包人的各项费用,并予以证实。

在监理工程师的查清证实后,承包人仅能得到原应支付给他的已完全合格工程的款额,并扣除上述应扣款额之后的余额。如果应扣款额超过承包人应得的原应支付给他的已完工程的款额,此超出部分款额应被视为承包人欠业主的应还债务,由承包人支付给业主。

由此可见,与特殊风险导致合同终止的情况不同,承包人违约导致合同终止的付款对承包人带有惩罚性。

3. 业主违约导致合同终止的支付

根据《公路工程国内招标文件范本》第69条第1款的规定,如果业主发生下列情况,则承包人有权终止对本合同项下的承包。

(1)在根据第60条第15款规定的支付期到期后的42d之内,未能向承包人支付根据监理工程师签发的任何支付证书项下的应付款额(扣除根据合同规定有权扣除的款额后),也未向承包人说明理由;

(2)未根据本合同任何条款而无理阻挠或拒绝对任何上述证书颁发的所需批准。

当上述情况发生后,承包人有权终止对本合同项下的承包,并通知业主,抄送监理工程师,该终止在发出通知14d后生效。

当出现业主违约导致合同终止时,监理工程师应澄清下述内容,同业主和承包人协商后,签发合同终止的支付证书。

①与特殊风险导致合同终止的支付相同的全部款项内容;

②由于合同终止而引起的或涉及的对承包人的任何损失或损害的款额。

应当指出的是，特殊风险和业主违约导致合同终止支付的根本区别在于：前者只补偿成本，而后者还应包括对承包人利润损失的补偿。

二、工程停工后的支付

对于线长面广的公路建设项目而言，在其施工过程中，由于影响因素众多，参建单位的管理水平参差不齐，所以在施工活动的时间组织和安排上，难免会出现中断和各种停工现象，使工程无法按进度计划顺利进行。另外，各种工程意外，也常常会导致工程停工。

首先应当明确的是，无论是什么原因导致的停工，都将对工程的竣工和交付使用产生不利影响，从而使业主的利益受到影响（例如，现场管理费和监理费用增加，资金占有时间延长，项目效益推迟产生等等。在现金流动图上将表现为建设期加长，成本升高，效益减少，从而使投资回收期延长，投资收益率下降）。尽管出现这种情况业主可要求承包人进行适当赔偿（例如，要求承包人支付拖期违约损失偿金），但也只能在很小的程度上减少所造成的损失，而对业主遭受的各种潜在损失是无法补偿的。

其次，一旦停工，承包人同样也会受到损失（例如，承包人的人员将窝工，机械设备将闲置，管理费用将增加等），即使业主给予一定的补偿，也只是一部分成本而无法实现利润。

总之，无论从哪方面来讲，停工都是不利的，会直接导致工期延长和费用增加，但相比之下，业主将受到更大的损害。FIDIC 合同条件和《公路工程国内招标文件范本》正是以此为基础制订了停工费用支付原则及控制的相应条款，并且由停工而发生的赔偿，双方之间一般均只计算成本，不计利润和潜在的各种效益。

根据导致停工的原因可将停工分为三类，即业主方导致的停工、承包方导致的停工和特殊风险导致的停工。又由于特殊风险在 FIDIC 条件和《公路工程国内招标文件范本》中是按双方分担的原则进行处理的，因而可将风险分为业主的风险和承包人的风险而加以归类来确定双方之间因停工而导致的费用支付。

1. 业主导致的停工及费用支付

由业主造成的停工有许多种，在合同条件不同的条款中都有具体描述和规定，现将其归纳汇总于表 5-9。表中都是指《公路工程国内招标文件范本》合同条件中应由业主支付的情况。

停工原因及业主的支付　　表 5-9

条款 \ 内容	停工原因	支付内容
5.2	合同文件内容出错	只付费用，不付利润
6.3	图纸延迟发出	只付费用（成本）
17.1	有关放线资料不准确	针对资料出错的补救工程，付成本 + 利润； 若因此停工，只付成本
20.3	"业主风险"造成的破坏	只付成本，不付利润
27.1	化石、古迹、文物等	根据现场情况，采用不同措施，按 12 条，只付成本；按 40 条，只付成本；按 51 条付成本和利润

续上表

条款\内容	停工原因	支付内容
31.1	由于其他承包人的原因	视承包人被要求工作的情况付款，为其他承包人提供服务：成本＋利润；由于其他承包人的原因停工，付成本
36.4、36.5	样品与实验	监理工程师下令的附加实验，付成本，无利润
38.2	工程的揭露	合格：成本＋利润；不合格：不付费用
40.1、40.2	工程暂停	工程中所产生的费用，不付利润
42.2	工地占用	只付费用，不付利润
69.1、69.4	延期付款	付延期部分的利息及停工费用
70.2	后续法规	只付费用

总之，由于业主的原因而造成的停工，应根据合同中相应的规定和条款，对承包人给予补偿。这种补偿应视现场情况及随后采取措施的内容及设备的闲置情况来定。除个别项目包括利润外，绝大部分应只支付成本。表中所指成本分两类：一类是由于发生了各种事件，监理工程师要求承包人进行有关工作，这种工作的成本包括直接费和管理费。另一类是由于出现这些情况，承包人的工作停止进行，此时只付人员窝工的工时费和机器设备的闲置费。

【例 5-13】 某国内工程的排水管安装好后，承包人立即通知监理工程师检查，但由于监理工程师自身原因，没有按时检查，而承包人为了确保工程进度自行回填了壕沟。后来，为了检查其工程质量，监理工程师指令承包人再度挖开壕沟，经开挖检查后，排水管符合合同规定和要求。因此承包人提出如下要求：在壕沟回填之前 3d 即发出通知，告诉监理工程师排水管已准备妥当并可检查，但监理工程师未按时检查。由于重新开挖和检查所需的费用支出清单如下表 5-10 所示，要求予以赔偿。

分析：根据《公路工程国内招标文件范本》第 38 条第 1 款、第 2 款之规定，承包人的要求是合理的。因为承包人事先通知了监理工程师，并约定了检查时间，而监理工程师或其代表并未在约定时间后 12h 内到场进行检查和量测，按规定承包人即可自行检查，并如实作出自检报告后覆盖或掩蔽，监理工程师事后应予以认可。而监理工程师事后并未认可，而是指示承包人剥开工程重新检验，经开挖检查后，排水管符合合同规定和要求，因此承包人应该得到包括利润在内的补偿，故应付给承包人赔偿费 88519 元。

费用支出清单 表 5-10

序号	项目	金额	序号	项目	金额
1	再度开挖壕沟	23412 元	5	直接费总额	68092 元
2	另行回填	22865 元	6	20% 管理费	13618 元
3	更换开挖时被毁管道	5712 元	7	10% 利润	6809 元
4	等待检查使工人、机械闲置两天	16103 元	8	总费用	88519 元

2. 承包人导致的停工及费用支付

由于承包人自己的工作失误或所承担的风险而导致工程停工，其所有费用必须由承包人自己负担。只是往往由于工程情况比较复杂，承包人总是设法将自己应承担的费用说成是由于业主的原因造成的，从而要求费用赔偿。因此，监理工程师必须掌握现场情况，对一些事件的处理要当机立断，明确划分其责任范围。

同时，一旦明确属于承包人的责任，除了自己负担有关损失外，如果停工影响到工程的竣工或影响到其他承包人的工作，则对于影响竣工的情况，承包人应按有关规定向业主支付拖期违约损失偿金，如果严重影响工作，还可被业主驱逐。在第二种情况下，承包人应向被其影响的其他承包人支付相应的款项，只是这种支付也通过业主进行，即由于承包人的责任而导致了其他承包人向业主索赔，则业主会根据合同条件将这种支付转由造成停工的承包人支付，一般通过从负有责任的承包人付款中扣减的方式来实现。

最后还应指出的一点是：如果承包人因合同条件规定的恶劣气候而停工，则一方面业主不但不能要求承包人赔偿，而且还应给予工程延期，另外一方面承包人也不能提出停工的费用补偿要求。

由于工程停工的现象和种类相当多，限于篇幅本节不可能进行全面讨论，只是简单介绍了合同执行过程中需要监理工程师处理的各种停工的支付问题。实际工作中，监理工程师要在全面熟悉合同条件的基础上，结合工程具体情况来妥善处理。

复习思考题

1. 工程变更主要包括哪些内容？
2. 简述工程变更的单价确定原则。
3. 合同条件中对工程总价的变更与控制有何规定？为什么这样规定？
4. 简述费用索赔审核的主要内容。
5. 简述索赔金额计算的方法及各自的特点。
6.《公路工程国内招标文件范本》中对价格调整有何规定？
7. 简述价格调整的方法及各自的特点。
8. 某合同段合同总价为2亿元，其工程量清单中石方数量为200万m^3，清单单价为20元/m^3。在施工中，由于设计变更而使得石方的实际数量增加了55万m^3。假设石方的预算单价为27元/m^3（其中直接成本20元/m^3，间接成本5元/m^3，利润2元/m^3），试问对增加的55万m^3的石方如何计价？
9. 某工程项目原合同总价为1.2亿元，其工程量清单和变更后的内容见表5-11，试问最后的结算价格是否需要调整？

表5-11

序号	项目名称	原合同价格（万元）	变更后价格（万元）
1	路基工程	3000	4000
2	路面工程	2000	2400
3	桥梁工程	3000	3000

续上表

序号	项 目 名 称	原合同价格(万元)	变更后价格(万元)
4	隧道工程	1200	1272
5	其他工程	600	600
6	计日工	200	200
7	暂定金额	2000	1500
8	合计	12000	12972

10. 某公路项目,业主在招标文件的“投标须知”中声明,工程造价随物价变化而进行合同价格调整,投标人报价时以2003年市场物价为基础,不考虑物价风险,发生支付时全部按人民币支付;调价公式按《公路工程国内招标文件范本》中的公式执行。

2004年完成的工作量为1000万元,其组成为:土方工程费100万元,占10%;砌体工程费400万元,占40%;钢筋混凝土工程费500万元,占50%。这三部分的人工费和材料费占工程价款的85%,人工费和材料费中各项费用比例如下:

(1)土方工程:人工费50%,机具折旧费26%,柴油24%。

(2)砌体工程:人工费53%,钢材5%,水泥20%,骨料5%,片石12%,柴油5%。

(3)钢筋混凝土工程:人工费53%,钢材22%,水泥10%,骨料7%,木材4%,柴油4%。

根据合同规定,该工程的其他费用不调整,即不调值的费用占工程价款的15%。各材料价格环比指数见表5-12。试计算2004年度价格调整额。

材料价格环比指数

表5-12

序号	指标名称	2004年价格指数	序号	指标名称	2004年价格指数
1	人工	112	5	机具折旧	127
2	钢材	129	6	柴油	130
3	水泥	127	7	片石	126
4	骨料	118	8	木材	118

第六章

支付证书与有关表格

教学要求

1. 描述支付证书的种类和内容；
2. 描述支付表格的种类与填报方法。

●第一节　支 付 证 书●

支付证书是业主向承包人付款的唯一凭据。支付证书分两种:一种是在工程实施过程中大量使用的中期支付证书,通常每月一次;另一种是在工程结束后开具的最后支付证书。合同终止支付证书,可以认为是最后支付证书的一种特例,是在非常规情况下进行的合同最后支付。因此可以在参考最后支付做法的基础上,根据该工程终止的原因和特点,进行合同终止支付。

一、中期支付证书

按合同规定在本月应该支付给承包人的全部款项,应由监理工程师开具中期支付证书,承包人才会获得业主的进度付款。同时,中期支付证书是一种对规定时间内承包人所完成工作的价值估算,如前一期中期支付证书中有误,则可在本期中期支付证书中予以纠正。中期支付证书主要由“财务支付月结账单”和“工程进度表”组成。

中期支付证书由以下内容组成:

1. 中期支付证书

(1)财务支付月结账单;

(2)工程进度表。

2. 证书附表

(1)工程量清单支付月报表;

(2)工程变更支付一览表;

(3)工程变更支付明细表;

(4)价格调整支付一览表;

(5)计日工支付一览表;

(6)计日工支付明细表;

(7)暂定金支付一览表;

(8)费用索赔支付一览表;

(9)扣回材料、设备预付款一览表;

(10)扣回开工预付款一览表。

3. 证明材料

(1)中间计量单;

(2)永久性工程材料、设备到达现场计量表;

(3)永久性工程材料、设备价差金额一览表;

(4)关于"违约罚金";

(5)关于"迟付款利息";

(6)其他基础证明材料。

监理工程师、承包人签字的证明材料是有效的证明材料,监理工程师和承包人均以有效证明材料为准编制中期支付证书(申请),才可能在支付上达到一致。

二、最后支付证书

在签发缺陷责任终止证书后的28d内,承包人应以监理工程师批准的格式提交一份最后结账单草案,由监理工程师对最后结账单草案进行核证与审批,经过对最后结账单草案作出他们之间协商同意的修改后,由承包人编制最后结账单,并给业主提供一份书面清账书(抄送监理工程师)。在收到承包人提交的最后结账单及清账书后14d内,监理工程师应签发一份最后支付证书报业主审批,并抄给承包人。其内容应包括:监理工程师认为根据合同规定的最后应付的款额;以及在对业主以前所付的全部款额和业主根据合同规定应得的全部款项予以确认后,业主欠承包人或承包人欠业主的差额。

最后支付证书由以下内容组成(下文中提到的支表×见附录二):

1. 最后支付证书

(1)最后支付证书(支表15);

(2)财务支付最后结账单。

2. 证书附表

(1)工程量清单最后完成汇总表;

(2)工程变更最后完成汇总表;

(3)价格调整最后完成汇总表;

(4)计日工最后支付汇总表;

(5)暂定金额最后支付汇总表;

(6)费用索赔最后支付汇总表;

(7)材料、设备预付款支付与扣回汇总表;

(8)开工预付款支付与扣回汇总表;

(9)迟付款利息最后支付汇总表;

(10)时间索赔汇总表;

(11)中期支付汇总表。

3. 基础表及证明资料

(1)工程量清单最后完成明细表;
(2)工程变更最后完成明细表;
(3)价格调整最后完成明细表;
(4)计日工最后支付明细表;
(5)暂定金额最后支付明细表;
(6)迟付款利息最后支付明细表;
(7)清单总则部分支付明细表;
(8)违约罚金使用说明;
(9)土方工程支付计算与说明;
(10)路面工程支付计算与说明;
(11)交工资料;
(12)价格调整测算说明;
(13)工程变更令;
(14)费用索赔审批书。

第二节　支付表格

一、支付表格

常用支付表格包括:
(1)工程进度表(支表1);
(2)财务支付月结账单(支表2);
(3)清单支付报表(支表3);
(4)计日工支付报表(支表4);
(5)工程变更一览表(支表5);
(6)价格调整汇总表(支表6);
(7)价格调整表(支表7);
(8)单价变更一览表(支表8);
(9)永久性材料价差金额一览表(支表9);
(10)永久性工程材料到达现场计量表(支表10);
(11)扣回材料设备预付款一览表(支表11);
(12)扣回开工预付款一览表(支表12);
(13)中间计量表(支表13);
(14)中间计量支付汇总表(支表14)。

上述报表应由监理工程师指定,并由承包人仔细填写申报。监理工程师在收到这些报表后,应在合同通用条款规定的时限内,通过认真仔细的审核,然后签发支付证书。

二、工程支付表格的填报

1. 工程进度表（支表1）

1）编表目的

本表主要是为反映工程项目的计划进度与实际完成的情况，每月由承包人填报，并经各级监理工程师和业主签字认可后方可生效。

2）填表说明

（1）截止日期：支付计量截止的日期。

（2）编号：工程进度表序号。

（3）单项合同金额（元）：按与业主签约时业主认可的并标价的工程量清单的相应项目填写。

（4）单项占合同价（%）：单项工程费用与“工程量清单总计金额”之比。

（5）单项完成（%）：单项工程累计完成金额与单项工程计划金额之比。

（6）完成占合同价（%）：单项工程累计完成金额与工程量清单总计金额之比。

（7）按月计划与实际完成（%）：本栏以单项工程计划和实际完成的工作量百分比表示。由承包人按施工组织设计先给出单项工程按月计划工作量百分比，其下行数字表示单项工程按月计划完成百分比，并逐月填报，上行数字表示实际完成工作量百分比。

（8）实际进度与计划进度：实际进度分上下两行填写，上行填写截止本月实际完成百分比，下行填写累计实际完成百分比；计划进度也分上下两行填写，上行填写截止本月计划完成百分比，下行填写本月累计计划完成百分比。

（9）累计完成（%）：本栏以单项工程计划和实际完成的工作量百分比表示。上行填写此单项工程截止本月累计已实际完成工程量的百分比，下行数字表示此单项工程截止本月累计计划完成工程量的百分比。

2. 财务支付月结账单（支表2）

1）编表目的

它是业主向承包人付款，或承包人向业主索款的依据。

2）填表说明

（1）合同价：“原合同”指业主与承包人签订的合同总价，“变更后”是指考虑了截止该期，已批准的工程变更对价格影响后的合同价。

（2）到本期末完成：截止该期支付月报，自开工以来填报项目累计完成金额。

（3）到上期末完成：截止上期支付月报，自开工以来填报项目累计完成金额。

（4）本期完成：该期支付报表应支付的金额。

（5）专项暂定金额：即各清单章次中的暂定金额汇总。

（6）价格调整金额、扣回开工预付款、扣回材料、设备预付款，与支表6、支表12及支表11相对应。

（7）保留金：根据合同规定的百分比，以合计栏的金额为基数进行扣留，当承包人出具银行保单时，可免除此项。

（8）违约罚金、迟付款利息：与各自有关证明材料的内容、数额相对应。

(9)总计:该财务支付月结账单中监理工程师签认的支付总额。

3. 清单支付报表(支表3)

(1)项目内容:各清单章次中的名称。

(2)原合同数量:工程量清单中的数量、单价和金额。

(3)变更后数量:工程变更后清单的数量、单价和金额。

4. 计日工支付报表(支表4)

1)编表目的

本表为监理工程师指令按计日工完成特殊的、较小的变更工程或附加工程的计量与支付报表。本表是填写财务支付月结账单的依据之一。

2)填表说明

(1)清单号:该工程项目使用的计日工,在工程量清单中的编号。

(2)工程项目:采用计日工方式进行的工程项目名称。

(3)计日工类别和名称、单位、单价:对应摘自上述清单编号内容。

(4)计日工数量、金额:对应该工程项目,监理工程师批准文号中同意的数量、金额。

(5)批准文号:监理工程师批准使用计日工的文号。

5. 工程变更一览表(支表5)

(1)清单号:监理工程师签发的工程变更令序号。

(2)单价:单价有两种,一是采用合同对应单价,二是按合同的有关规定重新分析并经监理工程师签字认可的单价,该单价经业主批准后执行。

(3)工程量增减金额:该工程变更对合同价的影响(指净增或净减部分)为单位进行汇总。

(4)批准文号:批准的该项设计变更令的编号。

因本表是变更统计表,因此,在填表时,无论本期是否发生变更,以前所有已变更的项目在每期报表上均要加以反映。

6. 价格调整汇总表(支表6)

应调价基数:采用"公式法"时,为参与调价的工程金额。

7. 价格调整表(支表7)

在采用价格调整公式进行调价时,应遵守以下规定:

(1)合同价格在投标所在年份不作调整,此后每年调整一次。

(2)式中基期价格指数,指投标年份(即送交投标书截止期前28d的所在年份)的价格指数,计算时采用100。

(3)式中当期价格指数,采用本合同工程所在省(自治区、直辖市)统计部门正式公布的该计算年份的《建筑业产值价格指数》统计资料中各项相关的价格环比指数。

(4)权重系数由业主根据标底资料测算确定范围,在招标文件发出前填写;承包人应在投标时在此范围内填写各因素的权重关系,合同实施期间将按此权重系数进行调价,除非由于工程的实施或根据《公路工程国内招标文件范本》合同通用条款第51条工程的变更或其他原因,监理工程师认为某一因素的权重系数不合理或不适用,则权重系数应予以调整。

8. 单价变更一览表(支表8)

1)编表目的

由于本表反映的是因单价变更且经调整后的单价,应分章分别对照工程量清单的编号、项目进行填写,并经监理工程师签认后上报。本表是填写财务支付月结账单的依据之一。

2)填表说明

(1)调整前单价:签订合同时的该项目的单价。

(2)调整后单价:按合同有关规定重新分析、经监理工程师签认并经业主批准的单价。

(3)批准文号:批准调整项目单价变更的变更令的编号。

9. 永久性材料价差金额一览表(支表9)

可参考价格调整表的计算方法(公式法),也可用价差补差法。须征得监理工程师与业主同意后,选择并确定用何种方法。

10. 永久性工程材料到达现场计量表(支表10)

1)编表目的

本表所反映的是承包人采购的材料到达施工现场的具体情况,以便考核是否因合格材料未组织供应到现场而造成停工待料,影响工程进度。本表由承包人编制并经监理工程师核实签认后上报。

2)填表说明

材料名称按核实分类的填写。

11. 扣回材料设备预付款一览表(支表11)

1) 编表目的

本表反映的是当材料设备已用于或安装在永久工程之中后,材料、设备预付款应从期中支付证书中扣回的情况。本表也是由承包人编制,经监理工程师签认后上报。它也是填写财务支付月结账单的依据之一。

2) 填表说明

扣回材料设备预付款的计算方法应按合同有关规定,其金额按合同规定计算后如实填入表中,并将此金额转入"支表2"的有关栏中。

12. 扣回开工预付款一览表(支表12)

1) 编表目的

本表反映的是承包人按合同规定完成银行保函等证明文件之后,业主向其拨付的开工预付款被按合同规定加以扣回的情况。本表也是由承包人编制,经监理工程师签认后上报。本表也是填写财务支付月结账单的依据之一。

2) 填表说明

扣回预付款的计算方法应按合同有关规定,其金额按合同规定计算后如实填入表中,并将此金额转入"支表2"的有关栏中。

13. 中间计量表(支表13)

1)编表目的

本表是反映本期支付数量(包括设计变更增减)的原始计算表,从此表可得到各章细目的工程数量。本表由承包人计算、填写,经现场监理、驻地监理工程师、计量监理工程师审核签认后上报。

2)填表说明

(1)计算的工程量必须是经质量检验合格的工程。

(2)所计数量必须经过测量、丈量、检评,各种质量证明的附件必须完整(包括材质证明、物理力学试验报告、厂方证明文件、检测报告、化学分析)并经监理工程师、中心试验室认为合格工程的工程量,方可进行计算并纳入计量支付之中。

(3)工程数量的计算必须清晰,且应附草图,计算由承包人进行,应反复审核,必须做到准确无误。

(4)属设计变更部分的工程量应在支付项目编号后且加以注明“变更”字样,其有关要求同前(1)、(2)、(3)条所叙。

14. 中间计量支付汇总表(支表14)

1)编表目的

编制本表是为支表3、支表4的本期完成的数量和金额提供依据。本表反映的是本期完成的各细目数量和按合同单价应支付的金额(包括设计变更的增减数量和金额)之和。

2)填表说明

本期完成的各细目工程数量(包括变更设计)来源于工程中间计量表,其单价来源于合同清单。个别设计变更新增细目号,因工程量清单中无对应单价时,可按合同规定另做单价分析,并经批准后再执行。且其凭证号为中间计量表的编号。

15. 说明

1)填表的项目名称、数字和内容,必须用计算机打印,禁止采用手写(防止涂改)。

2)承包人应在每月末向监理工程师提交由其项目经理签署的按监理工程师批准格式填写的月结账单一式6份。

3)由于各公路工程建设项目业主的要求不一致,故应仔细研究各工程项目的“施工监理工作规程”,并按其要求去办理。

本书后附常用支付表格,供参考。

复习思考题

1. 中期支付证书由哪些内容组成?
2. 最后支付证书由哪些内容组成?

附录一

《公路工程国内招标文件范本》(2003 年版)工程量清单

A 说　　明

(1)工程量清单应与投标人须知、合同条款、技术规范及图纸等文件结合起来查阅与理解。

(2)工程量清单中所列工程数量是估算的或设计的预计数量,仅作为投标的共同基础,不能作为最终结算与支付的依据。实际支付应按实际完成的工程量,由承包人按技术规范规定的计量方法,以监理工程师认可的尺寸、断面计量,按工程量清单的单价和总额价计算支付金额;或者,根据具体情况,按合同条款第 52 条的规定,由监理工程师确定的单价或总额价计算支付额。

(3)除非合同另有规定,工程量清单中有标价的单价和总额价均已包括了为实施和完成合同工程所需的劳务、材料、机械、质检(自检)、安装、缺陷修复、管理、保险(工程一切险和第三方责任险除外)、税费、利润等费用,以及合同明示或暗示的所有责任、义务和一般风险。

(4)工程一切险的投保金额为工程量清单第 100 章(不含工程一切险及第三方责任险的保险费)至第 700 章的合计金额,保险费率为________‰;第三方责任险的投保金额________元,保险费率为________‰。工程量清单第 100 章内列有上述保险费的支付细目,投标人根据上述保险费率计算出保险费,填入工程量清单。除上述工程一切险及第三方责任险以外,所投其他保险的保险费均由承包人承担并支付,不在报价中单列。

(5)工程量清单中本合同工程的每一个细目,都需填入单价;对于没有填入单价或总金额的细目,其费用应视为已包括在工程量清单的其他单价或总金额中,承包人必须按监理工程师指令完成工程量清单中未填入单价或总额价的工程细目,但不能得到结算与支付。

(6)符合合同条款规定的全部费用应认为已被计入有标价的工程量清单所列各细目之中,未列细目不予计量的工作,其费用应视为已分摊在本合同工程的有关细目的单价或总额价之中。

(7)工程量清单各章是按技术规范相应章次编号的,因此,工程量清单中各章的工程细目的范围与计量等应与技术规范相应章节的范围、计量与支付条款结合起来理解或解释。

(8)对作业和材料的一般说明或规定,未重复写入工程量清单内,在给工程量清单各细目标价前,应参阅招标文件中技术规范的有关部分。

(9)对于符合要求的投标文件,在签订合同协议书前,如发现工程量清单中有计算方面的算术性差错,应按投标人须知第23条规定予以修正。

(10)工程量清单中所列工程量的变动,丝毫不会降低或影响合同条款的效力,也不免除承包人按规定的标准进行施工和修复缺陷的责任。

(11)承包人用于本合同工程的各类装备的提供、运输、维护、拆卸、拼装等支付的费用,已包括在工程量清单的单价与总额价之中。

(12)在工程量清单中标明的暂定金额,除合同另有规定外,应由监理工程师按合同条款第52条和58条的规定,结合工程具体情况,报经业主批准后指令全部或部分地使用,或者根本不予动用。

(13)计量方法:

①用于支付已完工程的计量方法,应符合技术规范中相应章节的"计量与支付"条款的规定。

②图纸中所列的工程数量表及数量汇总表仅是提供资料,不是工程量清单的外延。当图纸与工程量清单所列数量不一致时,以工程量清单所列数量作为报价的依据。

(14)工程量清单中各项金额均以人民币(元)结算。

B 工程细目(附表1-1)

附表1-1

清单 第100章 总 则					
细目号	细目名称	单位	数量	单价	合价
101-1	保险费				
-a	按合同条款规定,提供建筑工程一切险	总额			
-b	按合同条款规定,提供第三方责任险	总额			
102-1	竣工文件	总额			
102-2	施工环保费	总额			
103-1	临时道路修建、养护与拆除(包括原道路的养护费)	总额			
103-2	临时工程用地	m^2			
103-3	临时供电设施				
-a	设施架设、拆除	总额			
-b	设施维修	月			
103-4	电讯设施的提供、维修与拆除	总额			
103-5	供水与排水设施	总额			
104-1	承包人驻地建设	总额			
清单 第100章合计 人民币________元					

续上表

清单　第200章　路　基					
细目号	细 目 名 称	单位	数量	单价	合价
202-1	清理与掘除				
-a	清理现场	m^2			
-b	砍伐树木	棵			
-c	挖除树根	棵			
202-2	挖除旧路面				
-a	水泥混凝土路面	m^2			
-b	沥青混凝土路面	m^2			
-c	碎石路面	m^2			
202-3	拆除结构物				
-a	钢筋混凝土结构	m^3			
-b	混凝土结构	m^3			
-c	砖、石及其他砌体结构	m^3			
203-1	路基挖方				
-a	挖土方	m^3			
-b	挖石方	m^3			
-c	挖除非适用材料(包括淤泥)	m^3			
203-2	改河、改渠、改路挖方				
-a	开挖土方	m^3			
-b	开挖石方	m^3			
-c	……				
204-1	路基填筑(包括填前压实)				
-a	换填土	m^3			
-b	利用土方	m^3			
-c	利用石方	m^3			
-d	利用土石混填	m^3			
-e	借土填方	m^3			
-f	粉煤灰路堤	m^3			
-g	结构物台背回填	m^3			
204-2	改河、改渠、改路填筑				
-a	利用土方	m^3			
-b	利用石方	m^3			
-c	借土填筑	m^3			
205-1	软土地基处理				
-a	抛石挤淤	m^3			
-b	砂垫层、砂砾垫层	m^3			

续上表

清单 第200章 路 基					
细目号	细 目 名 称	单位	数量	单价	合价
-c	灰土垫层	m^3			
-d	预压与超载预压	m^3			
-e	袋装砂井	m			
-f	塑料排水板	m			
-g	粉喷桩	m			
-h	碎石桩	m			
-i	砂桩	m			
-j	土工织物	m^2			
205-2	滑坡处理	m^3			
205-3	岩溶洞回填	m^3			
205-4	膨胀土处理				
-a	厚…mm	m^2			
205-5	黄土处理				
-a	陷穴	m^3			
-b	湿陷性黄土	m^2			
205-6	盐渍土处理				
-a	厚…mm	m^2			
207-1	…级砂浆砌片石边沟	m			
207-2	…级砂浆砌片石排水沟	m			
207-3	…级砂浆砌片石截水沟	m			
207-4	…级砂浆砌片石急流槽	m			
207-5	路基盲沟,…mm×…mm	m			
207-6	涵洞上下游改沟、铺砌	m			
208-1	种草、铺草皮	m^2			
208-2	…级砂浆砌片石护坡	m^3			
-a	拱形护坡	m^3			
-b	方格护坡	m^3			
208-3	预制混凝土块护坡				
-a	预制空心砖护坡	m^3			
-b	拱形骨架护坡	m^3			
-c	方格护坡	m^3			
208-4	护面墙				
-a	…级砂浆砌片(块)石	m^3			
-b	…级混凝土	m^3			

续上表

清单　第200章　路　基					
细目号	细 目 名 称	单位	数量	单价	合价
-c	砂砾(碎石)垫层	m^3			
209-1	挡土墙				
-a	…级砂浆砌片(块)石	m^3			
-b	…级混凝土	m^3			
-c	砂砾(碎石)垫层	m^3			
-d	钢筋	kg			
210-1	锚杆挡土墙				
-a	混凝土立柱(C…)	m^3			
-b	混凝土挡板(C…)	m^3			
-c	钢筋	kg			
-d	锚杆	kg			
211-1	加筋土挡土墙				
-a	…级砂浆砌片石基础	m^3			
-b	…级混凝土基础	m^3			
-c	…级混凝土帽石	m^3			
-d	…级混凝土墙面板	m^3			
-e	…级钢筋混凝土带	m^3			
-f	聚丙烯土工带	kg			
212-1	挂网土工隔栅喷浆防护边坡,厚…mm				
-a	厚…mm 喷浆防护边坡	m^2			
-b	铁丝网	kg			
-c	土工隔栅	m^2			
-d	锚杆	m			
212-2	挂网锚喷混凝土防护边坡(全坡面)				
-a	厚…mm 喷混凝土防护边坡	m^2			
-b	钢筋网	kg			
-c	铁丝网	kg			
-d	土工隔栅	m^2			
-e	锚杆	m			
212-3	坡面防护				
-a	喷射混凝土(厚…mm)	m^2			
-b	喷射水泥砂浆(厚…mm)	m^2			
213-1	预应力锚索(钢绞线规格)	m			
213-2	混凝土锚固板(C…)	m^3			

续上表

清单 第200章 路 基					
细目号	细 目 名 称	单位	数量	单价	合价
214-1	混凝土抗滑桩				
-a	…m×…m,…级混凝土抗滑桩	m			
-b	…m×…m,…级混凝土抗滑桩	m			
-c	钢筋(带肋钢筋)	kg			
215-1	…级浆砌片石河床铺砌	m^3			
215-2	…级浆砌片石顺坝	m^3			
215-3	…级浆砌片石丁坝	m^3			
215-4	…级浆砌片石调水坝	m^3			
215-5	…级浆砌片石锥坡	m^3			
清单 第200章合计 人民币______元					

清单 第300章 路 面					
细目号	细 目 名 称	单位	数量	单价	合价
302-1	碎石垫层				
-a	厚…mm	m^2			
302-2	砂砾垫层				
-a	厚…mm	m^2			
303-1	石灰稳定土底基层				
-a	厚…mm	m^2			
304-1	水泥稳定土底基层				
-a	厚…mm	m^2			
304-2	水泥稳定土基层				
-a	厚…mm	m^2			
305-1	石灰粉煤灰稳定土底基层				
-a	厚…mm	m^2			
305-2	石灰工业废渣稳定土基层				
-a	厚…mm	m^2			
306-1	级配碎石底基层				
-a	厚…mm	m^2			
306-2	级配碎石基层				
-a	厚…mm	m^2			
306-3	级配砾石底基层				
-a	厚…mm	m^2			
307-1	透层	m^2			
307-2	黏层	m^2			

续上表

清单　第300章　路　面					
细目号	细 目 名 称	单位	数量	单价	合价
307-3	封层	m^2			
308-1	细粒式沥青混凝土				
-a	厚…mm	m^2			
-b	厚…mm	m^2			
308-2	中粒式沥青混凝土				
-a	厚…mm	m^2			
-b	厚…mm	m^2			
308-3	粗粒式沥青混凝土				
-a	厚…mm	m^2			
-b	厚…mm	m^2			
309-1	沥青表面处治				
-a	厚…mm	m^2			
-b	厚…mm	m^2			
310-1	改性沥青混合料				
-a	厚…mm	m^2			
-b	厚…mm	m^2			
311-1	水泥混凝土面板				
-a	厚…mm(混凝土弯拉强度 MPa)	m^2			
-b	厚…mm(混凝土弯拉强度 MPa)	m^2			
312-1	培土路肩	m^3			
312-2	中央分隔带回填土	m^3			
312-3	现浇混凝土加固土路肩(厚…mm)	m			
312-4	混凝土预制块加固土路肩(厚…mm)	m			
312-5	混凝土预制块路缘石	m			
313-1	排水管				
-a	PVC-U 管 φ…mm	m			
-b	铸铁管 φ…mm	m			
-c	混凝土管 φ…mm	m			
313-2	纵向雨水沟(管)	m			
313-3	…级混凝土集水井	座			
313-4	中央分隔带渗沟,…mm×…mm×…mm	m			
313-5	沥青油毡防水层	m^2			
313-6	路肩排水沟				
-a	混凝土路肩排水沟	m			

续上表

清单 第300章 路 面					
细目号	细 目 名 称	单位	数量	单价	合价
-b	砂砾垫层	m^3			
-c	土工布	m^2			
313-7	拦水带				
-a	沥青混凝土拦水带	m			
-b	水泥混凝土拦水带	m			
清单 第300章合计 人民币______元					

清单 第400章 桥梁、涵洞					
细目号	细 目 名 称	单位	数量	单价	合价
401-1	桥梁荷载试验(暂定工程量)	总额			
401-2	地质钻探及取样试验(暂定工程量)				
-a	70mm 直径	m			
-b	110mm 直径	m			
403-1	基础钢筋(包括灌注桩、承台、沉桩、沉井等)				
-a	光圆钢筋(I级)	kg			
-b	带肋钢筋(HRB335、HRB400)	kg			
403-2	下部结构钢筋				
-a	光圆钢筋(I级)	kg			
-b	带肋钢筋(HRB335、HRB400)	kg			
403-3	上部结构钢筋				
-a	光圆钢筋(I级)	kg			
-b	带肋钢筋(HRB335、HRB400)	kg			
403-4	附属结构钢筋				
-a	光圆钢筋(I级)	kg			
-b	带肋钢筋(HRB335、HRB400)	kg			
404-1	干处挖土方	m^3			
404-2	水下挖土方	m^3			
404-3	干处挖石方	m^3			
404-4	水下挖石方	m^3			
405-1	钻孔灌注桩,桩径…m	m			
405-2	钻取混凝土芯样,直径70mm(暂定工程量)	m			
405-3	破坏荷载试验用桩,直径…m(暂定工程量)	m			
406-1	钢筋混凝土沉桩,桩径…mm	m			
406-2	预应力混凝土沉桩				
-a	…级预应力混凝土桩,桩径…mm	m			

续上表

清单　第400章　桥梁、涵洞					
细目号	细 目 名 称	单位	数量	单价	合价
406-3	试桩,桩径…mm	m			
407-1	挖孔灌注桩,桩径…m	m			
407-2	钻取混凝土芯样,直径70mm(暂定工程量)	m			
407-3	破坏荷载试验用桩,直径…m(暂定工程量)	m			
408-1	桩的检验荷载试验(暂定工程量),直径…m(kN)	每一试桩			
408-2	直径…m桩破坏荷载试验(m)(暂定工程量)	每一试桩			
409-1	钢筋混凝土沉井				
-a	井壁混凝土(…级)	m^3			
-b	顶板混凝土(…级)	m^3			
-c	填芯混凝土(…级)	m^3			
-d	封底混凝土(…级)	m^3			
410-1	混凝土基础(包括支撑梁、桩基承台,但不包括桩基)	m^3			
410-2	混凝土下部结构	m^3			
410-3	现浇混凝土上部结构	m^3			
410-4	预制混凝土上部结构	m^3			
410-5	上部结构现浇整体化混凝土	m^3			
410-6	现浇混凝土附属结构	m^3			
410-7	预制混凝土附属结构	m^3			
411-1	先张法预应力钢丝	kg			
411-2	先张法预应力钢绞线	kg			
411-3	先张法预应力钢筋	kg			
411-4	后张法预应力钢丝	kg			
411-5	后张法预应力钢绞线	kg			
411-6	后张法预应力钢筋	kg			
411-7	现浇预应力混凝土上部结构	m^3			
411-8	预制预应力混凝土上部结构	m^3			
413-1	浆砌片石				
-a	……	m^3			
413-2	浆砌块石				
-a	……	m^3			
413-3	浆砌料石				
-a	……	m^3			
413-4	浆砌预制混凝土块				
-a	……	m^3			

续上表

清单 第400章 桥梁、涵洞					
细目号	细目名称	单位	数量	单价	合价
415-1	沥青混凝土桥面铺装(厚…mm)	m^2			
415-2	水泥混凝土桥面铺装(…级,厚…mm)	m^2			
415-3	防水层(厚…mm)	m^2			
416-1	矩形板式橡胶支座	个			
416-2	圆形板式橡胶支座	个			
416-3	球冠圆板式橡胶支座	个			
416-4	盆式支座	个			
416-5	球形支座	个			
417-1	橡胶伸缩装置	m			
417-2	模数式伸缩装置	m			
417-3	填充式材料伸缩装置	m			
419-1	单孔…级钢筋混凝土圆管涵,ϕ…m	m			
419-2	双孔…级钢筋混凝土圆管涵,ϕ…m	m			
419-3	…级钢筋混凝土圆管倒虹吸管,ϕ…m	m			
420-1	钢筋混凝土盖板涵,…m×…m	m			
420-2	钢筋混凝土箱涵,…m×…m	m			
421-1	拱涵,…m×…m	m			
清单 第400章合计 人民币________元					

清单 第500章 隧道					
细目号	细目名称	单位	数量	单价	合价
502-1	洞口、明洞开挖				
-a	土方	m^3			
-b	石方	m^3			
-c	弃方超运	$m^3 \cdot km$			
502-2	防水与排水				
-a	…级砂浆砌片石截水沟	m^3			
-b	无纺布	m^2			
	……				
502-3	洞口坡面防护				
-a	…级浆砌片石	m^3			
-b	…级喷射混凝土	m^3			
-c	种植草皮	m^2			
	……				
502-4	洞门建筑				

续上表

清单　第500章　隧　道					
细目号	细 目 名 称	单位	数量	单价	合价
-a	…级混凝土	m^3			
-b	…级砂浆砌粗料石(块石)	m^2			
	……				
502-5	明洞衬砌				
-a	…级混凝土	m^3			
-b	光圆钢筋(Ⅰ级)	kg			
-c	带肋钢筋(HRB335)	kg			
	……				
502-6	遮光棚(板)				
-a	…级混凝土	m^3			
-b	光圆钢筋(Ⅰ级)	kg			
-c	带肋钢筋(HRB335)	kg			
	……				
502-7	洞顶回填				
-a	回填土石方	m^3			
503-1	洞身开挖				
-a	土方	m^3			
-b	石方	m^3			
-c	弃方超运	$m^3 \cdot km$			
503-2	超前支护				
-a	锚杆(规格)	m			
-b	小钢筋(规格)	m			
-c	管棚(规格)	m			
-d	注浆小导管(规格)	m			
-e	型钢(规格型号)	kg			
	……				
503-3	喷锚支护				
-a	…级喷射钢纤维混凝土	m^3			
-b	…级喷射混凝土	m^3			
-c	注浆锚杆(规格)	m			
-d	锚杆(规格)	m			
-e	钢筋网	kg			
503-4	木材	m^3			
504-1	洞身衬砌				

续上表

清单 第500章 隧 道					
细目号	细 目 名 称	单位	数量	单价	合价
-a	…级混凝土	m^3			
-b	…级防水混凝土	m^3			
-c	…级砂浆砌粗料石(块石)	m^2			
-d	光圆钢筋(Ⅰ级)	kg			
-e	带肋钢筋(HRB335)	kg			
504-2	…级仰拱、铺底混凝土	m^3			
504-3	…级边沟、电缆沟混凝土	m^3			
504-4	洞门(规格)	个			
504-5	洞内路面				
-a	…级混凝土(厚…mm)	m^2			
-b	光圆钢筋(Ⅰ级)	kg			
-c	带肋钢筋(HRB335)	kg			
505-1	防水与排水				
-a	防水板	m^2			
-b	无纺布	m^2			
-c	止水带	m			
-d	止水条	m			
-e	压注水泥水玻璃浆液	t			
-f	压注水泥浆液	t			
-g	压浆钻孔	m			
-h	排水管 φ…mm	m			
	……				
506-1	洞内防火涂料				
-a	喷涂防火涂料	m^2			
506-2	洞内装饰工程				
-a	镶贴瓷砖	m^2			
-b	喷涂混凝土专用漆	m^2			
508-1	监控量测				
-a	必测项目(项目名称)	总额			
-b	选测项目(项目名称)	总额			
-c	地质预报(探测手段)	总额			
清单 第500章合计 人民币________元					

续上表

清单　第600章　安全设施及预埋管线					
细目号	细 目 名 称	单位	数量	单价	合价
602-1	…级混凝土护栏	m			
602-2	单面波形梁钢护栏	m			
602-3	双面波形梁钢护栏	m			
602-4	活动式钢护栏	个			
602-5	波形梁钢护栏起、终端头				
-a	分设型圆头式端头	个			
-b	分设型地锚式端头	个			
-c	组合型圆端头	个			
602-6	…级混凝土基础	m^3			
603-1	铁丝编织网隔离栅	m			
603-2	刺铁丝隔离栅	m			
603-3	钢板网隔离栅	m			
603-4	电焊网隔离栅	m			
603-5	桥上防护网	m			
603-6	钢筋混凝土立柱	根			
603-7	钢立柱	根			
604-1	单柱式交通标志	个			
604-2	双柱式交通标志	个			
604-3	三柱式交通标志	个			
604-4	门架式交通标志	个			
604-5	单悬臂式交通标志	个			
604-6	双悬臂式交通标志	个			
604-7	悬挂式交通标志	个			
604-8	里程碑	个			
604-9	公路界碑	个			
604-10	百米桩	个			
605-1	热熔型涂料路面标线				
-a	1 号标线	m^2			
-b	2 号标线	m^2			
605-2	溶剂常温涂料路面标线				
-a	1 号标线	m^2			
-b	2 号标线	m^2			
605-3	溶剂加热涂料路面标线				
-a	1 号标线	m^2			
-b	2 号标线	m^2			

续上表

清单 第600章 安全设施及预埋管线					
细目号	细 目 名 称	单位	数量	单价	合价
605-4	突起路标	个			
605-5	轮廓标				
-a	柱式轮廓标	个			
-b	附着式轮廓标	个			
605-6	立面标记	处			
606-1	防眩板	m			
606-2	防眩网	m			
607-1	人(手)孔	个			
607-2	紧急电话平台	个			
607-3	管道工程				
-a	铺设…孔 ϕ…塑料管(钢管)管道	m			
-b	铺设…孔 ϕ…塑料管(钢管)管道	m			
-c	铺设…孔 ϕ…塑料管(钢管)管道	m			
-d	铺设…孔 ϕ…塑料管(钢管)管道	m			
-e	制作、安装过桥管箱(包括两端接头管箱)	m			
608-1	收费亭				
-a	单人收费亭	个			
-b	双人收费亭	个			
608-2	收费天棚	m^2			
608-3	收费岛				
-a	单向收费岛	个			
-b	双向收费岛	个			
608-4	地下通道(高×宽)	m			
608-5	预埋管线				
-a	(管线规格)	m			
-b	(管线规格)	m			
608-6	架设管线				
-a	(管线规格)	m			
-b	(管线规格)	m			
清单 第600章合计 人民币________元					

续上表

清单　第700章　绿化及环境保护					
细目号	细 目 名 称	单位	数量	单价	合价
702-1	开挖并铺设表土				
-a	路堤边坡	m^3			
-b	中央分隔带	m^3			
-c	服务区	m^3			
	……				
702-2	铺设利用的表土				
-a	路堤边坡	m^3			
-b	中央分隔带	m^3			
-c	服务区	m^3			
	……				
703-1	撒播草种				
-a	路堤边坡	m^2			
-b	服务区	m^2			
	……				
703-2	铺植草皮				
-a	路堤边坡	m^2			
-b	服务区	m^2			
	……				
703-3	绿地喷灌管道				
-a	路堤边坡	m			
-b	服务区	m			
	……				
704-1	人工种植乔木				
-a	服务区	棵			
	……				
704-2	人工种植灌木				
-a	中央分隔带	棵			
-b	服务区	棵			
	……				
704-3	人工种植攀缘植物				
-a	路堤边坡	棵			
-b	服务区	棵			
	……				
706-1	消声板声屏障	m			
706-2	吸声砖声屏障	m^3			
706-3	砖墙声屏障	m^3			
清单　第700章合计　人民币________元					

C 专项暂定金额汇总表(示例,附表1-2)

附表1-2

清单编号	细 目 号	名 称	估计金额(元)
400	401-1	桥梁荷载试验(举例)	60000
……	……	……	……
……	……	……	……

注:表列各项专项暂定金额,应已在工程量清单相关章、目中以专项暂定金额名义列出,已转入工程量清单汇总表中,仅在此表中摘出予以汇总。

D 计日工明细表

一、总 则

(1)本节应参照合同通用条款第52.4款一并理解。

(2)未经监理工程师书面指令,任何工程不得按计日工施工;接到监理工程师按计日工施工的书面指令,承包人也不得拒绝。

(3)投标人应在本节计日工单价表中填列计日工细目的基本单价或租价,该基本单价或租价适用于监理工程师指令的任何数量的计日工的结算与支付。计日工的劳务、材料和施工机械由招标人(或业主)列出正常的估计数量,投标人报出单价,计算出计日工总金额后列入工程数量清单汇总表中并进入评标价。

(4)计日工不调价。

二、计日工劳务

(1)在计算应付给承包人计日工工资时,工时应从工人到达现场,并开始从事指定的工作算起,到返回原出发地点为止,扣去用餐和休息的时间。只有直接从事指定的工作,且能胜任该工作的工人才能计工,随同工人一起做工的班长应计算在内,但不包括领工(工长)和其他质检管理人员。

(2)承包人可以得到用于计日工劳务的全部工时的支付,此支付按承包人填报的"计日工劳务单价表"所列单价计算,该单价应包括基本单价及承包人的管理费、税费、利润等所有附加费,说明如下:

①劳务基本单价包括:承包人劳务的全部直接费用,如:工资、加班费、津贴、福利费及劳动保护费等。

②承包人的利润、管理、质检、保险、税费;易耗品的使用、水电及照明费、工作台、脚手架、临时设施费、手动机具与工具的使用及维修,以及上述各项伴随而来的费用。

三、计日工材料

承包人可以得到计日工使用的材料费用(上述二项(2)条②款已计入劳务费内的材料费用除外)的支付,此费用按承包人“计日工材料单价表”所填报的单价计算,该单价应包括基本单价及承包人的管理费、税费、利润及所有附加费,说明如下:

(1)材料基本单价按供货价加运杂费(到达承包人现场仓库)、保险费、仓库管理费以及运输损耗等计算。

(2)承包人的利润、管理、质检、保险、税费及其他附加费。

(3)从现场运到使用地点的人工费和施工机械使用费不包括在上述基本单价内。

四、计日工施工机械

(1)承包人可以得到用于计日工作业的施工机械费用的支付,该费用按承包人填报的“计日工施工机械单价表”中的租价计算。该租价应包括施工机械的折旧、利息、维修、保养、零配件、油燃料、保险和其他消耗品的费用以及全部有关使用这些机械的管理费、税费、利润和司机与助手的劳动费等费用。

(2)在计日工作业中,承包人计算所有的施工机械费用时,应按实际工作小时支付。除非经监理工程师的同意,计算的工作小时才能将施工机械从现场某处运到监理工程师指令的计日工作业的另一现场往返运送时间包括在内。

计日工劳务单价表、计日工材料单价表、计日工机械单价表、计日工汇总表分别见附表1-3、附表1-4、附表1-5、附表1-6。

计日工劳务单价表　　附表1-3

合同段:

细　目　号	名　　称	估计数量(h)	单价(元/h)	合价(元)
101	班长			
102	普通工			
103	焊工			
104	电工			
105	混凝土工			
106	木工			
107	钢筋工			
	……			
计日工劳务(结转计日工汇总表)				

注:根据具体工程情况,也可用天数作为计日工劳务单位。

计日工材料单价表

附表 1-4

合同段：

细 目 号	名 称	单 位	估 计 数 量	单价(元)	合价(元)
201	水泥	t			
202	钢筋	t			
203	钢绞线	t			
204	沥青	t			
205	木材	m^3			
206	砂	m^3			
207	碎石	m^3			
208	片石	m^3			
	……				
计日工材料小计(结转计日工汇总表)					

计日工施工机械单价表

附表 1-5

合同段：

细 目 号	名 称	估计数量(h)	单价(元/h)	合价(元)
301	装载机			
301-1	1.5m^3 以下			
301-2	1.5～2.5m^3			
301-3	2.5m^3 以上			
302	推土机			
302-1	90kW 以下			
302-2	90～180kW			
302-3	180kW 以上			
	……			
计日工施工机械小计(结转计日工汇总表)				

计 日 工 汇 总 表

附表 1-6

合同段：

名 称	金额(元)
计日工：	
1. 劳务	
2. 材料	
3. 施工机械	
计日工合计(结转工程量清单汇总表)	

E　工程量清单汇总表(附表1-7)

附表1-7

合同段:________

序号	章次	科目名称	金额(元)
1	100	总则	
2	200	路基	
3	300	路面	
4	400	桥梁、涵洞	
5	500	隧道	
6	600	安全设施及预埋管线	
7	700	绿化及环境保护	
8	第100章至700章清单合计		
9	已包含在清单合计中的专项暂定金额小计(同上表C)		
10	清单合计减去专项暂定金额(即8－9＝10)		
11	计日工合计		
12	不可预见费(暂定金额)		总额
13	投标价(8＋11＋12)＝13		

附录二

常用支付表格样式

常用支付表格样式见附表2-1～附表2-15。

工 程 进 度 表(支表1)

附表2-1

项目名称：　　　　承包单位：　　　　合同号：

截止日期：　　　　监理单位：　　　　编　号：

<table>
<tr><td colspan="6">业主：　　　　　　　　开工令日期：
由K　+　～　K　+　全长　　km　合同期限：
合同完成日期：
修订后的合同完成日期：</td><td colspan="23">合同总价：
截至××号工程变更：
截至本期价格调整：
估计最后金额：</td></tr>
<tr><td rowspan="3">清单号</td><td rowspan="3">名　称</td><td rowspan="3">单项合同金额（元）</td><td rowspan="3">单项占合同价（%）</td><td rowspan="3">单项完成（%）</td><td rowspan="3">完成占合同价（%）</td><td colspan="22">按月计划与实际完成(%)</td><td rowspan="3">累计完成（%）</td></tr>
<tr><td colspan="12">年</td><td colspan="10">年</td></tr>
<tr><td>1</td><td>2</td><td>3</td><td>4</td><td>5</td><td>6</td><td>7</td><td>8</td><td>9</td><td>10</td><td>11</td><td>12</td><td>1</td><td>2</td><td>3</td><td>4</td><td>5</td><td>6</td><td>7</td><td>8</td><td>9</td><td>10</td></tr>
<tr><td></td><td></td><td></td><td></td><td></td><td></td><td></td><td></td><td></td><td></td><td></td><td></td><td></td><td></td><td></td><td></td><td></td><td></td><td></td><td></td><td></td><td></td><td></td><td></td><td></td><td></td><td></td><td></td><td></td></tr>
<tr><td></td><td></td><td></td><td></td><td></td><td></td><td></td><td></td><td></td><td></td><td></td><td></td><td></td><td></td><td></td><td></td><td></td><td></td><td></td><td></td><td></td><td></td><td></td><td></td><td></td><td></td><td></td><td></td><td></td></tr>
<tr><td></td><td></td><td></td><td></td><td></td><td></td><td></td><td></td><td></td><td></td><td></td><td></td><td></td><td></td><td></td><td></td><td></td><td></td><td></td><td></td><td></td><td></td><td></td><td></td><td></td><td></td><td></td><td></td><td></td></tr>
<tr><td></td><td></td><td></td><td></td><td></td><td></td><td></td><td></td><td></td><td></td><td></td><td></td><td></td><td></td><td></td><td></td><td></td><td></td><td></td><td></td><td></td><td></td><td></td><td></td><td></td><td></td><td></td><td></td><td></td></tr>
<tr><td></td><td></td><td></td><td></td><td></td><td></td><td></td><td></td><td></td><td></td><td></td><td></td><td></td><td></td><td></td><td></td><td></td><td></td><td></td><td></td><td></td><td></td><td></td><td></td><td></td><td></td><td></td><td></td><td></td></tr>
<tr><td colspan="2"></td><td></td><td colspan="3"></td><td>1</td><td>2</td><td>3</td><td>4</td><td>5</td><td>6</td><td>7</td><td>8</td><td>9</td><td>10</td><td>11</td><td>12</td><td>1</td><td>2</td><td>3</td><td>4</td><td>5</td><td>6</td><td>7</td><td>8</td><td>9</td><td>10</td><td rowspan="5"></td></tr>
<tr><td colspan="2" rowspan="4">收到日期：</td><td rowspan="2">实际进度</td><td colspan="3">月计(%)</td><td></td><td></td><td></td><td></td><td></td><td></td><td></td><td></td><td></td><td></td><td></td><td></td><td></td><td></td><td></td><td></td><td></td><td></td><td></td><td></td><td></td><td></td></tr>
<tr><td colspan="3">累计(%)</td><td></td><td></td><td></td><td></td><td></td><td></td><td></td><td></td><td></td><td></td><td></td><td></td><td></td><td></td><td></td><td></td><td></td><td></td><td></td><td></td><td></td><td></td></tr>
<tr><td rowspan="2">计划进度</td><td colspan="3">月计(%)</td><td></td><td></td><td></td><td></td><td></td><td></td><td></td><td></td><td></td><td></td><td></td><td></td><td></td><td></td><td></td><td></td><td></td><td></td><td></td><td></td><td></td><td></td></tr>
<tr><td colspan="3">累计(%)</td><td></td><td></td><td></td><td></td><td></td><td></td><td></td><td></td><td></td><td></td><td></td><td></td><td></td><td></td><td></td><td></td><td></td><td></td><td></td><td></td><td></td><td></td></tr>
</table>

附表 2-2

财务支付月结账单（支表 2）

承 包 人：　　监理工程师：

项目名称：　　承包单位：　　合同号：

截止日期：　　监理单位：　　编　号：

由 K + ~ K + 　全长　km

清单章次	项目内容	合同价						到本期末完成			到上期末完成			本期完成		
		原合同			变更后											
		合计金额	人民币	外汇	合计金额	人民币	外汇	合计金额	人民币	外汇	合计金额	人民币	外汇	合计金额	人民币	外汇
100	总则															
200	路基															
300	路面															
400	桥梁、涵洞															
500	隧道															
600	安全设施及预埋管线															
700	绿化及环境保护															
专项暂定金额																
计日工																
小计																
价格调整金额																
索赔金额																
合计																
保留金																
拖期损失偿金																
迟付款利息																
扣回开工预付款																
扣回材料、设备预付款																
总计																

承包人：　　监理工程师：　　业主：

附表 2-3

清单支付报表（支表3）

项目名称：　　承包单位：　　合同号：

截止日期：　　监理单位：　　编　号：

项目编号	项目内容	单位	合同数量			到本期末完成		到上期末完成		本期完成	
			原合同数量	单价	变更后数量	数量	金额(元)	数量	金额(元)	数量	金额(元)
小计											

附表 2-4

计日工支付报表(支表4)

承 包 人：　　监理工程师：
项目名称：　　承包单位：　　合同号：
截止日期：　　监理单位：　　编　号：

清单号	位置	工程项目	计日工类别和名称	单位	单价(元)	计日工数量		计日工金额						批准文号
								到本期末完成		到上期末完成		本期完成		
						到本期末完成	其中本期	数量	金额(元)	数量	金额(元)	数量	金额(元)	
小计														

承包人：　　监理工程师：

工程变更一览表(支表5)

附表 2-5

项目名称：　　　　　　承包单位：　　　　　　合同号：

截止日期：　　　　　　监理单位：　　　　　　编　号：

清单号	变更内容	单位	合同数量(元)	单价(元)	工程量增减		工程量增减金额(元)(+ -)						批准文号
							到本期末完成(+ -)		到上期末完成(+ -)		本期完成		
					到本期末完成	其中本期	数量	金额	数量	金额	数量	金额	
小　计													

承包人：　　　　　　　　　　监理工程师：

价格调整汇总表（支表6）

附表2-6

项目名称：　　　　承包单位：　　　　合同号：

截止日期：　　　　监理单位：　　　　编　号：

时间	应调整基数（元）	到本期末调价金额			到上期末调价金额			本期调价金额		
		增减金额（元）	人民币部分（元）	外汇部分（人民币计）	增减金额（元）	人民币部分（元）	外汇部分（人民币计）	增减金额（元）	人民币部分（元）	外汇部分（人民币计）
		A	$B=A\times\%$	$C=A\times\%$	D	$E=D\times\%$	$F=D\times\%$	G	$H=G\times\%$	$I=G\times\%$
合　计										

承包人：　　　　监理工程师：

附表 2-7

价格调整表(支表7)

项目名称：　　　　承包单位：　　　　合同号：

截止日期：　　　　监理单位：　　　　编　号：

价格调整公式：

$$TJE = ZFE \cdot ZH = ZFE\left(X + a\frac{RG}{RG_0} + b\frac{GC}{GC_0} + c\frac{SN}{SN_0} + d\frac{LQ}{LQ_0} + e\frac{JX}{JX_0} + f\frac{YL}{YL_0} + \cdots - 1\right)$$

式中：TJE——对年累计支付额的调价额；　ZFE——年累计支付额；　ZH——综合调价系数；

ZFE =　　　　ZH =　　　　外汇比例：

式中符号		编号	权重系数	当期价格指数	基期价格指数	计算值
a、b、c、d、e、f…：分别为人工费、钢材、水泥、沥青、机械使用费、燃油料费用等其他材料费用在合同价格中所占的权重系数			A	B	C	$D = A \times B/C$
X：支付中不进行调价部分所占的权重系数，$X = 1-(a+b+c+d+e+f+\cdots)$		X			100	
RG：人工费当期价格指数	RG_0：人工费基期价格指数	a			100	
GC：钢材当期价格指数	GC_0：钢材基期价格指数	b			100	
SN：水泥当期价格指数	SN_0：水泥基期价格指数	c			100	
LQ：沥青当期价格指数	LQ_0：沥青基期价格指数	d			100	
JX：机械使用费当期价格指数	JX_0：机械使用费基期价格指数	e			100	
YL：燃油料费用当期价格指数	YL_0：燃油料费用基期价格指数	f			100	
…	…					
	总计		1			
计算式						

承包人：　　　　监理工程师：

单 价 变 更 一 览 表(支表 8)

附表 2-8

项目名称：　　　　承包单位：　　　　合同号：

截止日期：　　　　监理单位：　　　　编　号：

清单号	名称	单位	调整前单价（人民币元）	调整后单价（人民币元）	单价变更增减金额									批准文号
					单价增减（人民币元）	到本期末完成				本期完成				
						数量	金额（人民币元）	人民币部分	外汇（人民币元）	数量	金额（人民币元）	人民币部分	外汇（人民币元）	
		A	B	C	$D=C-B$	E	$F=E\times D$	$G=F\times\%$	$H=F\times\%$	I	$J=I\times D$	$K=J\times\%$	$L=J\times\%$	M
合　计														
说　明														

承包人：　　　　监理工程师：

附表 2-9

永久性材料价差金额一览表（支表9）

项目名称：　　承包单位：　　合同号：

截止日期：　　监理单位：　　编　号：

序号	材料名称	单位	数量	基本价格		现行价格		价差金额（元）	材料来源	单据号	存放地点
				合计价（元）	其中：综合费（元）	合计价（元）	其中：综合费（元）				
		A	B	C	D	E	F	$G=B(E-C)$	H	I	J
合　计											

承包人：　　监理工程师：

附表 2-10

永久性工程材料到达现场计量表(支表 10)

项目名称：　　承包单位：　　合同号：

截止日期：　　监理单位：　　编　号：

序号	材料名称	单位	数量	单价	合计价	合计价的%			材料来源	单据号	备　注
						金额(人民币)	人民币部分	外汇(人民币计)			
			A	B	$C=A\times B$	$D=C\times\%$	$E=D\times\%$	$F=D\times\%$			
合　计											

承包人：　　监理工程师：

附表 2-11

扣回材料设备预付款一览表（支表 11）

项目名称：　　承包单位：　　合同号：

截止日期：　　监理单位：　　编　号：

月份	累计垫付金额			本期垫付金额			本期末回扣金额			上期末回扣金额			本期回扣金额		
	金额（人民币）	人民币部分	外汇（人民币计）	金额（人民币）	人民币部分	外汇（人民币计）	金额（人民币）	人民币部分	外汇（人民币计）	金额（人民币）	人民币部分	外汇（人民币计）	金额（人民币）	人民币部分	外汇（人民币计）
	A			*B*			*C*			*D*			*E*		
合计															
备注															

承包人：　　监理工程师：

扣回开工预付款一览表(支表 12)　　附表 2-12

项目名称：　　承包单位：　　合同号：

截止日期：　　监理单位：　　编　号：

A:合同总价(人民币元)：			
B:合同总价(人民币元)：			
C:到本月末表 2"合计"栏累计完成金额(人民币元)：			
D:$C>B$ 时的时间：		第　　月	
E:合同期限(月)：			
F:已付开工预付款(人民币元)：			
G:月扣除开工付款：			
扣除开工预付款	总计金额(人民币元)	人民币×%(人民币元)	外汇×%(人民币计)
到上月末完成			
本月完成			
到本月末完成			

承包人：　　监理工程师：

中间计量表(支表 13)　　附表 2-13

承包单位：　　合同号：

监理单位：　　编　号：　　第　　页共　　页

支付项目编号		项目名称	
起始桩号		部位	
图号		中间交工证书号	
计量草图几何尺寸：			
计算式：			
计量单位：		工程数量	

承包人：　　监理工程师：

中间计量支付汇总表(支表14)　　附表2-14

承包单位：　　合同号：

监理单位：　　编　号：　　第　页共　页

项目编号	项目名称	凭证号	单位	数量	单价	金额
	本页小计					
	合　计					

承包人：　　监理工程师：

最后支付证书(支表15)(格式举例)　　附表2-15

工程项目名称		合　同　号	
全部工程交工证书颁发日期：			
全部工程缺陷责任终止证书颁发日期：			
最后支付金额(元)：		其中人民币(元)：	
		其中外币(元)： (以人民币计)	
承包人(签字)	监理工程师(签字)	业主(签字)	

参 考 文 献

[1] 中华人民共和国交通部. 公路工程国内招标文件范本(2003 年版). 北京:人民交通出版社,2003

[2] 中华人民共和国交通部. 公路工程施工监理规范(JTG G10—2006). 北京:人民交通出版社,2006

[3] 交通部公路工程定额站,湖南省交通厅. 公路工程工程量清单计量规则. 北京:人民交通出版社,2005

[4] 交通部公路司,交通部基本建设质量监督总站. 公路工程施工监理手册. 北京:人民交通出版社,2001

[5] 张建仁. 工程费用监理. 北京:人民交通出版社,2000

[6] 雷俊卿. 合同管理. 北京:人民交通出版社,2001

[7] 郝素先. 施工监理基础. 北京:人民交通出版社,2003

[8] 李文不. 公路工程施工监理基础. 北京:人民交通出版社,2001

[9] 黄景瑗. FIDIC 条款应用指南. 北京:中国科学技术出版社,2003

[10] 王清池,秦骧远. 公路工程招标与投标指南. 北京:中国科学技术出版社,2002

[11] 中国建设监理协会. 建设工程投资控制. 北京:知识产权出版社,2006

[12] 廖品槐,刘武. 公路工程监理. 北京:机械工业出版社,2005